Frenz | Mittelalter. 100 Seiten

* Reclam 100 Seiten *

THOMAS FRENZ, geb. 1947, war bis 2013 Professor für Historische Hilfswissenschaften an der Universität Passau. Seine Forschungsschwerpunkte sind die Papsturkundenlehre und die mittelalterliche Schulgeschichte. Zuletzt erschien von ihm bei Reclam die Neuausgabe der *Geschichte Italiens* (gemeinsam mit anderen Autoren).

Thomas Frenz

# Mittelalter. 100 Seiten

RECLAM

2. Auflage

2022 Philipp Reclam jun. Verlag GmbH,
Siemensstraße 32, 71254 Ditzingen
Umschlaggestaltung: Philipp Reclam jun. Verlag GmbH
nach einem Konzept von zero-media.net
Infografik (S. 50 f.): annodare GmbH, Agentur für Marketing
Bildnachweis: S. 47: © akg-images / De Agostini / R. Carnovalini
Druck und Bindung: Esser printSolutions GmbH,
Untere Sonnenstraße 5, 84030 Ergolding
Printed in Germany 2023
RECLAM ist eine eingetragene Marke
der Philipp Reclam jun. GmbH & Co. KG, Stuttgart
ISBN 978-3-15-020589-1

Auch als E-Book erhältlich

www.reclam.de

Für mehr Informationen zur 100-Seiten-Reihe:
www.reclam.de/100Seiten

# Inhalt

Kaiser Friedrich Barbarossa thront zwischen seinen Söhnen König Heinrich (li.) und Herzog Friedrich (re.). Miniatur aus der *Welfenchronik (Historia Welforum)*, letztes Viertel des 12. Jahrhunderts

## Ausgefranste Ränder – Anfang und Ende des Mittelalters

Von Friedrich Dürrenmatt stammt die Komödie *Romulus der Große* (1949). Der Titelheld ist allerdings nicht etwa der sagenhafte Gründer Roms, sondern der letzte weströmische Kaiser, Romulus Augustulus, der 476 n. Chr. von Odowakar abgesetzt wurde. Zu Beginn des letzten Aktes entspinnt sich zwischen den beiden Kammerdienern des Kaisers, Achilles und Pyramus, folgender Dialog:

> *Pyramus*: »Sechzig Jahre haben wir unter elf Kaisern dem römischen Staat gedient. Ich finde es geschichtlich unverständlich, dass er nun noch zu unseren Lebzeiten aufhört zu existieren.«
>
> *Achilles*: »Wenn wir abtreten, kann man sagen: Jetzt ist die Antike zu Ende!«
>
> *Pyramus*: »Zu denken, dass eine Zeit kommt, wo man nicht einmal mehr Lateinisch und Griechisch spricht, sondern so unmögliche Sprachen wie dieses Germanisch!«
>
> *Achilles*: »Jedenfalls muss die Zeit, die nun anbricht, schauderhaft sein.«
>
> *Pyramus*: »So richtiges dunkles Mittelalter.«

1

Ich möchte den verdienten Mitarbeitern des Kaisers nicht zu nahe treten, aber wie dunkel war das »finstere Mittelalter« wirklich? Und warum heißt es »Mittel«alter? Begann es tatsächlich im Jahre 476? Und wann hörte es auf?

## Wie finster war das Mittelalter?

Es waren die italienischen Humanisten des 15. Jahrhunderts, die die glorreichen Zustände der Antike wieder heraufführen wollten und deshalb die dazwischen liegenden Jahrhunderte als »finsteres Mittelalter« diffamierten – als eine Epoche, in der Staat, Kultur, Sprache und Schrift von den nordischen Barbaren der Völkerwanderung zugrunde gerichtet wurden. Diese Wertung hielt sich auch noch im 16., 17. und 18. Jahrhundert. Im 19. Jahrhundert änderte sich dann die Sicht, und das Mittelalter wurde romantisch verklärt. Die Burgruinen, die aus den Wäldern hervorlugten, luden zum Träumen ein; dass sie ursprünglich Finanzämter gewesen waren, die den reisenden Kaufleuten das Geld abpressten, war vergessen. Und ein derart idealisiertes Bild des Mittelalters herrscht ja auch heute noch vor.

Drehen wir die Frage einmal um: Was hätten wir heute nicht, wenn es das Mittelalter nicht gegeben hätte? Wir hätten keine parlamentarische Demokratie; keine Grund- und Menschenrechte, dafür aber ohne weiteres die Sklaverei; keine christliche Nächstenliebe; kein Papier und keinen i-Punkt; keine mehrstimmige Musik; keine gleichmäßig laufenden Uhren; keine arabischen Ziffern. Und weder Kartoffeln noch Mais noch Paprika noch Kakao und Schokolade, denn niemand in der Antike wäre auf den Gedanken gekommen, an den Grenzen der Erde Mission zu betreiben und dabei Amerika zu entdecken – mit den bekannten Folgen für beide Teile der Welt.

Aber in einem Punkt war die Erde im Mittelalter wirklich finster: Es gab bei Nacht praktisch keine Beleuchtung und damit keine Lichtverschmutzung, sondern nur den Mond (wenn er schien) und den prachtvollen Anblick der Milchstraße.

## Wann fängt es an, wann hört es auf?

Aber wann begann denn nun das Mittelalter? Da gibt es verschiedene Blickwinkel, wobei noch vorausgeschickt sei, dass wir uns hier mit Europa und vor allem mit den deutschen Verhältnissen befassen wollen. Politisch betrachtet eignet sich das schon erwähnte Jahr 476, das formale Ende des antiken weströmischen Reiches, aber auch schon das Jahr 410, als die germanischen Westgoten zum fassungslosen Entsetzen aller Zeitgenossen die Stadt Rom eroberten – ein kleines Barbarenvolk die Hauptstadt der Welt! – oder später 568, als die Langobarden in Italien einfielen und systematisch den antik-römischen Adel liquidierten. Oder noch später 800, als Karl der Große das mittelalterliche Kaisertum begründete. Oder religiös betrachtet: 313 beendete Kaiser Konstantin die staatliche Christenverfolgung, 391 erklärte Kaiser Theodosius das Christentum zur Staatsreligion, 498 empfing der Frankenkönig Chlodwig die Taufe; oder 622, als Muhammad den Islam begründete, oder 711, als Spanien islamisch erobert wurde.

Und wann endete das Mittelalter? 1453, als die Türken Konstantinopel eroberten? Oder mit der Renaissance im 14. und 15. Jahrhundert? Oder 1454 mit Gutenbergs Erfindung des Buchdrucks mit beweglichen Lettern? Oder 1492 mit der europäischen Entdeckung Amerikas? Oder 1517 mit Luthers Reformation?

Welche Daten stimmen denn nun? Vielleicht bietet sich ein Ausweg aus dem Dilemma, wenn wir die Zeitgenossen befragen, zum Beispiel Otto von Freising (1114–1158), den berühmtesten Chronisten der Zeit, der zudem nahe an den Quellen sitzt, denn immerhin ist er ein Cousin Kaiser Friedrich Barbarossas. Aber wir hätten wohl größte Mühe, ihm unser Problem überhaupt verständlich zu machen. »Wieso sucht ihr nach einer Zeitgrenze? Wir leben doch immer noch im Römischen Reich.« – »Aber Kaiser Friedrich ist doch kein Römer, sondern ein Schwabe!« – »Ja wisst ihr denn nicht, dass Konstantin das Reich von den Römern auf die Griechen übertragen hat? Und Karl der Große von den Griechen auf die Franken, und Otto der Große von den Franken auf die Deutschen?« Und dann holt er seine Chronik hervor und zeigt uns das 31. Kapitel des 5. Buches: »Im Jahre 800 nach der Fleischwerdung des Herrn, 1552 nach der Gründung der Stadt Rom, wurde Karl in seinem 33. Regierungsjahr vom Papst gekrönt und als 69. Herrscher von Augustus an zum Kaiser ausgerufen.« Und dann mischt sich Beda Venerabilis (672/73–735) in unser Gespräch, die größte Autorität in Fragen der Zeitrechnung überhaupt (dass Otto und Beda keine Zeitgenossen waren, muss uns hier nicht grämen), und belehrt uns: »Wie der Prophet Daniel nachgewiesen hat, gibt es im Laufe der Geschichte vier Weltreiche, das babylonische, das persische, das griechische (unter Alexander dem Großen) und als letztes das römische. Dieses dauert bis zum Ende der Welt; es kann also noch gar nicht aufgehört haben. Was soll also die dumme Frage?«

Wir können das Problem aber auch epidemiologisch angehen. Dann fällt uns auf, dass es am Ende der Antike eine Pandemie gab, die »Justinianische Pest« seit ca. 550, die die Hälfte der Bevölkerung hinwegraffte und zum Zusammenbruch der antiken Wirtschaft und Kultur führte. Und von 1346 an wieder eine Pandemie, den »Schwarzen Tod«, der zwar »nur« ein Drittel der Bevölkerung kostete, aber alle christlichen Vorstellungen von göttlicher Gnade und Gerechtigkeit ins Wanken brachte.

Wenn wir jetzt rechnen, kommen wir auf eine maximale Dauer des Mittelalters von 1200 Jahren (313 bis 1517) und eine minimale von 550 Jahren (800 bis 1346). Und in dieser Zeit ist ungeheuer viel passiert, was uns heute noch angeht.

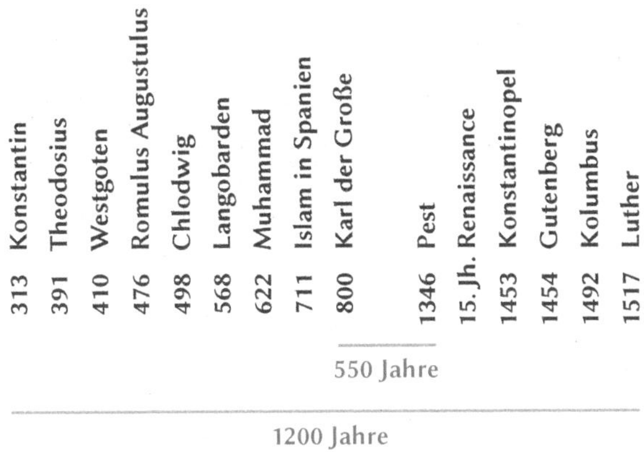

## Orientierung im Labyrinth der Welt

Aber tauchen wir nun selbst in die Vergangenheit ein und stellen uns vor, dass wir etwa im 12. Jahrhundert gelebt hätten. Unser Leben hinge wesentlich davon ab, in welchen Stand und welche Familie wir hineingeboren worden wären. In der Position, auf die man gestellt ist, muss man sich bewähren. Es gilt, nicht nur die Rechte zu genießen, sondern vor allem die Pflichten zu bewältigen. Der Grundbegriff des Mittelalters ist *ordo*, die richtige gottgewollte Ordnung der Welt, in der jeder Mensch seinen Platz hat, den er ausfüllen, aber nicht eigenmächtig verlassen soll.

### *Ordo*

Alles Unglück ist nämlich über die Menschen gekommen, weil Adam und Eva sich nicht in diese Ordnung fügen wollten. *Eritis sicut dii* – ›Ihr werdet sein wie Götter‹ (Gen 3,5; Bibelzitate hier und im Folgenden nach meiner eigenen Übersetzung aus der Vulgata): Durch diese Worte suggeriert die Schlange im Paradies, es sei erlaubt und möglich, aus der gottgewollten Ordnung hinauszutreten und eine höhere Stellung zu erlangen – eine Stellung, die den Menschen nicht zukommt. Die Folgen sind bekannt: »Im Schweiße deines Angesichtes sollst du dein Brot essen« und »Unter Schmerzen sollst du deine Kinder gebären« (Gen 3,19 bzw. 16).

Der Legende nach war dies übrigens bereits der zweite Vorfall dieser Art. Auch Luzifer – wörtlich: der Lichtträger – wollte sich nicht mit seiner Stellung als oberster Engel zufriedengeben und erklärte trotzig: »Ich will nicht dienen«, auch nicht auf dem höchsten Platz, der unterhalb Gottes überhaupt möglich war. Seitdem ist der Hochmut eine Todsünde, und wohl die schlimmste von allen. Die Geschichte, die man bis ins 18. Jahrhundert hinein noch hauptsächlich als moralische Exempelsammlung betrachtete, bietet reichlich Anschauungsmaterial dafür, wie Hochmut vor dem Fall kommt – man denke etwa an Heinrich den Löwen, der dem Kaiser Friedrich Barbarossa 1176 in Chiavenna aus Hochmut die Hilfe verweigert und deswegen 1180 seine beiden Herzogtümer Bayern und Sachsen und seine fürstliche Stellung verliert.

Mit dem Hinweis auf eine Abweichung von der gottgewollten Ordnung konnte man im Mittelalter sogar politische Aktionen und Ambitionen begründen. Der fränkische Hausmeier Pippin (vergleichbar mit einem heutigen Ministerpräsidenten) setzt beispielsweise den letzten Merowinger ab – nicht nur, um selbst König zu werden, sondern, »damit die rechte Ordnung nicht gestört sei«. So berichten es die Fränkischen Reichsannalen zum Jahr 749. Er selbst, so argumentiert Pippin, habe *de facto* die Königsmacht inne, während dem nominellen König Childerich III. keinerlei Macht mehr geblieben sei. Diese Störung des *ordo* müsse beseitigt werden, und der Papst bestätigt diese Analyse in seinem Gutachten.

Was passieren kann, wenn man sich nicht an diese Ordnung hält, zeigt sehr drastisch die Verserzählung *Helmbrecht* des Dichters Wernher »der Gartenaere« aus dem späteren 13. Jahrhundert. Wir befinden uns im großbäuerlichen Milieu, auf einem Meierhof. Aber das genügt dem schätzungsweise 16-jährigen Titelhelden nicht: Er will Ritter werden, und seine Mutter bestärkt ihn in diesem Plan, während der Vater ihn abzuhalten versucht. Helmbrecht geht also auf eine benachbarte Burg, dient sich dort dem Burgherrn an und wird bald dessen rechte Hand.

Wir erkennen aber sehr schnell, was das für ein Adelshof ist, an den Helmbrecht da gerät, nämlich der eines ordinären Raubritters, der die Umgebung ausplündert und die Bauern tyrannisiert. Der junge Mann zeichnet sich denn auch in dem aus, was man dort lernen kann, nämlich Gewalt und Völlerei. Es folgt dann eine Szene, in der Helmbrecht noch einmal nach Hause zurückkehrt und mit seiner neuen Stellung vor seiner Familie angibt. Mutter und Schwester sind hingerissen, aber der Vater nimmt den Sohn beiseite und versucht eindringlich, ihm die Augen zu öffnen: »Noch nie ist es gut gegangen, / wenn einer gegen seine Bestimmung gelebt hat. / Deine Bestimmung ist nun einmal der Pflug.« Oder auf Mittelhochdeutsch: *dîn ordenunge ist der phluoc.*

Aber die Mahnung bleibt vergeblich. Der Sohn kann sogar seine Schwester Gotelind bereden, mit ihm auf die Ritterburg zu ziehen, um dort den Burgherrn zu heiraten. Es kommt, wie es kommen muss: Das Raubritternest wird ausgehoben und die Besatzung vor Gericht gestellt. Helmbrecht entgeht zwar der Todesstrafe, aber er wird verstümmelt und geblendet, so dass er als Bettler durch die Lande ziehen muss und bald den Tod findet.

Eine vergleichbare Story, aber gewissermaßen mit vertauschten Rollen und positivem Ausgang, ist die Geschichte von Parzival, wie sie uns der Versroman Wolframs von Eschenbach berichtet. Sein Vater ist ein zweitgeborener Prinz, der als solcher kein Erbrecht hat und deshalb in den Orient fährt. Er gewinnt die Liebe und die Hand zweier Frauen, einer exotischen namens Belacâne und einer abendländischen namens Herzeloyde; letztere ist die Mutter Parzivals. Beide Ehefrauen verlässt er aber recht bald: die exotische, um im Abendland die bigamistische Ehe mit Herzeloyde einzugehen, Herzeloyde dadurch, dass er kurz nach der Hochzeit auf einem Kriegszug ums Leben kommt.

Herzeloyde wird durch den Verlust des Ehemanns in eine tiefe seelische Krise gestürzt. Deshalb verlässt sie den Hof und überhaupt die Zivilisation und zieht sich in die Waldeinsamkeit zurück, wo sie ihren Sohn Parzival mit dem festen Vorsatz aufzieht, es solle ihm nicht ebenso ergehen wie dem Vater. Parzival erhält also nicht die ihm eigentlich zustehende ritterliche Ausbildung und Erziehung. Er wächst heran und zieht mit Pfeil und Bogen, die er sich selbst schnitzt, durch die Wälder und schießt auf Vögel. Später hat er auch noch ein *gabilot*, einen Wurfspieß. Beides sind unritterliche Waffen, die freilich im 14. Jahrhundert dann die großen Schlachten entscheiden, während der immer noch Ritter spielende Adel versagt; aber das nur am Rande. Im Roman sind wir noch in der Welt des 12. Jahrhunderts.

Es kommt auch hier, wie es kommen muss: Parzival begegnet eines Tages vier Rittern, die zufällig in den Wald geraten sind, und hält besonders den Anführer in seiner strahlenden Rüstung für Gott selbst. Aber der belehrt ihn: »Ich bin nicht Gott. Ich erfülle vielmehr gerne sein Gebot. Du kannst hier vier Ritter sehen, wenn du genau hinschauen wolltest.«

Jetzt muss Herzeloyde ihn aufklären, und er ist nicht mehr zu halten: Er will auch Ritter werden. Herzeloyde muss also zulassen, dass er an den Hof des Königs Artus zieht. Dort benimmt er sich jedoch ziemlich daneben und wird deshalb schnell wieder hinausgeworfen, aber im weiteren Verlauf des Romans lernt er und läutert sich so weit, dass er schließlich Gralskönig werden kann.

Herzeloyde will also den Sohn vor einer Karriere bewahren, die eigentlich seinem Stand entspricht, die aber, wie sie selbst an ihrem Mann leidvoll erfahren hat, zu Unheil und vorzeitigem Tod führen kann. Aber die Natur oder die göttliche Vorsehung brechen sich Bahn; es gelingt der Mutter nicht, ihren Sohn dem *ordo* zu entziehen, in den er hineingeboren ist.

## Das »schwache« Geschlecht

Zum richtigen *ordo* gehört auch, dass die Frauen den Männern untergeordnet sind. Aufgrund der *fragilitas sexus* muss das »schwache« Geschlecht besonders überwacht und behütet werden, damit es nicht über die Stränge schlägt. Die Frauen müssen gewissermaßen vor sich selbst beschützt werden. Dafür kann man sich sogar auf die Bibel berufen: »Adam ist nämlich als erster geschaffen worden, danach Eva. / Und nicht Adam wurde verführt, sondern die Frau ließ sich verführen und verletzte ihre Pflicht« (1 Tim 2,13 f.).

Dass Adam den Apfel auch hätte zurückweisen können, wird freilich nie erörtert. Und auf Stammtischniveau rät ein Gedicht des 12. Jahrhunderts aus dem Umkreis der *Carmina Burana*:

›Vorsicht! Vorsicht! Nehmt euch in Acht vor den Weibern! Erzähle, Adam, erster Mann, wie du mit dem Apfel getäuscht worden bist! – Ich bin aus dem Haus Gottes hinausgeworfen worden. Meine Frau hat mich betrogen. Indem sie mir den Apfel zu essen gab, hat sie mich des Paradieses beraubt.‹ (eigene Übersetzung.)

Als weitere Beispiele für die Gefährlichkeit und Heimtücke der Frauen folgen Samson und Dalila, König David und Batseba, Judith und Holofernes usw.

Diese mittelalterlichen Vorstellungen halten sich auch in der Neuzeit. Noch in Mozarts *Zauberflöte* (1791) muss sich die weibliche Hauptfigur Pamina von Sarastro belehren lassen: »Ein Mann muss Eure Herzen leiten, denn ohne ihn pflegt jedes Weib aus ihrem Wirkungskreis zu schreiten.« Und an dieser Auffassung änderte sich nichts Wesentliches bis in die Mitte des 20. Jahrhunderts: Erst 1953 fiel das bahnbrechende Urteil des Bundesverfassungsgerichtes zur Gleichberechtigung der Geschlechter. Dass das Verhältnis zwischen Frau und Mann auch ganz anders sein konnte, nämlich geprägt von Liebe und Zuneigung, wollen wir weiter unten betrachten.

Noch ein kleiner, aber notwendiger Hinweis: Hexenverfolgungen gab es im Mittelalter nicht. Sie sind eine Verirrung der Neuzeit (in der 2. Hälfte des 16. und im 17. Jahrhundert).

## Schutz und Hilfe – das Lehnswesen

Eine typisch mittelalterliche Methode, die Beziehung zweier Menschen zueinander im richtigen *ordo* zu regeln, ist das Lehnswesen. Dadurch treten zwei Leute, ein »Lehnsherr« und ein »Lehnsmann«, in eine persönliche Beziehung. Reihen wir uns als Zuschauer in eine solche Belehnungsfeier ein, denn sie bietet ein eindrucksvolles Schauspiel, dessen Bedeutung ohne weiteres klar wird. Der Lehnsherr hat, umringt von seinen Beratern, auf seinem erhöhten Sitz Platz genommen. Der künftige Lehnsmann kommt herangeritten, steigt in angemessenem Abstand vom Pferd und geht auf den Lehnsherrn zu. Unmittelbar vor ihm kniet er nieder und streckt seine gefalteten Hände empor. Der Lehnsherr umfasst sie von oben her mit seinen eigenen Händen. Diese *immixtio manuum* (›Vermischung der Hände‹ oder ›Handgang‹) macht die künftige Rechtsstellung, aber auch die persönliche Beziehung der beiden unmissverständlich klar. Anschließend können sie sich auch noch umarmen und küssen und es kann auch ein Eid geleistet oder eine Fahne überreicht und eine Urkunde ausgestellt werden, aber das ist nicht mehr wesentlich.

Von diesem Augenblick an sind Lehnsherr und Lehnsmann einander zu Schutz und Hilfe (lateinisch *consilium et auxilium*) verpflichtet. Konkret: Der Lehnsherr muss seinem Mann den Lebensunterhalt gewähren, meist, indem er ihm ein »Lehen« verleiht, beispielsweise ein Grundstück nebst den dort lebenden Bauern und deren Arbeitskraft. Und er muss ihm juristisch beistehen, etwa wenn der Lehnsmann vor Gericht gezogen wird.

Die Gegenleistung des Lehnsmannes besteht gewöhnlich im Kriegsdienst für seinen Herrn, und zwar zu Pferde. Dann handelt es sich um ein Ritterlehen. Auf dem Lehensgut kann auch eine Burg stehen, die der Ritter hüten muss und bewohnen darf. Selbstverständlich muss er den Lehnsherrn in die Burg einlassen, wenn dieser zu ihm kommt (das sog. Öffnungsrecht). Wenn aber der Ritter auf der Burg von Feinden

Im *Heidelberger Sachsenspiegel*, einem Rechtstext, werden unterschiedliche Formen der Belehnung illustriert. Die Bilderhandschrift entstand Anfang des 14. Jahrhunderts in Ostmitteldeutschland.

belagert wird, ist wieder der Lehnsherr in der Pflicht, denn er muss ihm zu Hilfe eilen, und zwar meist so, dass er seine anderen Lehnsleute aufbietet und seinen Mann heraushaut.

Aber kommen wir zurück zu der Belehnungsszene, bei der wir zuschauen durften. Inzwischen sind 30 Jahre vergangen, der Lehnsmann hat seinem Herrn treu gedient, aber jetzt ist er müde geworden und schließlich gestorben. Damit ist der »Mannfall« eingetreten. Weil das Lehnsverhältnis eine ganz persönliche Bindung ist, erlischt sie, wenn einer der beiden Partner stirbt. Neben dem Mannfall gibt es entsprechend auch den »Herrenfall«. Beide Male muss das Verhältnis neu begründet werden, wenn es weiter bestehen soll. Aber unser Lehnsmann hinterlässt einen erwachsenen Sohn, den er sorgfältig erzogen und militärisch ausgebildet hat. Es liegt nahe, dass der Lehnsherr ihm das freigewordene Lehen überträgt, denn warum sollte er von der bewährten Familie abweichen? Im Laufe der Jahrhunderte wird so das Lehen quasi erblich; die Zeremonie findet indes immer noch jedes Mal statt.

König
geistliche Fürsten
weltliche Fürsten
Grafen und Freiherrn
bedeutende Ministerialen
weniger bedeutende Ministerialen
Einschildritter

Lehnspyramide nach Friedrich Barbarossa

Was passiert, wenn einer der beiden seine Pflichten verletzt? Dann kann der Mann dem Herrn die Treue aufkündigen bzw. der Herr kann dem Mann das Lehen entziehen. Das sind die

Skandale des Mittelalters, die oft auch einen politischen Hintergrund haben.

Lehen sind in jeder Größenordnung im Angebot. Sie können ein kleines Rittergut sein, von dem sich sein Inhaber als »armer Ritter« kümmerlich ernährt, aber auch ein Herzogtum, selbst ein ganzes Königreich. Große Lehnsherren können Teile ihres Lehens wiederum an kleinere Ritter verleihen. Deshalb kann man mit dieser Rechtskonstruktion den gesamten Staat organisieren und politische Konflikte kanalisieren. So waren die Herzöge Lehnsleute des Königs, die Grafen Lehnsleute der Herzöge usw. Ein berühmtes Beispiel ist das Herzogtum der Normandie. Die Normannen erobern dies Gebiet, das eigentlich dem französischen König untersteht, aber der kann es nicht zurückerkämpfen. Deshalb einigt man sich 911 darauf, dass der Anführer der Normannen die Halbinsel vom französischen König als »Herzog der Normandie« zu Lehen nimmt. Damit ist das Recht des Königs gewahrt, und der Herzog wird vom rechtswidrigen Eroberer zum rechtmäßigen Inhaber seiner Beute. Die Sache hat aber ein unerwartetes Nachspiel: Herzog Wilhelm von der Normandie erobert 1066 England und wird dort souveräner König. Seitdem steht er mit seinem französischen Kollegen als König auf gleicher Stufe, bleibt ihm aber als Herzog der Normandie lehnsrechtlich untergeordnet. Die Kriege, die sich daraus entwickelten, dauerten zweieinhalb Jahrhunderte.

Übrigens: Die mittelalterlichen Ritter sahen anders aus als diejenigen, die heute auf den Mittelalterfesten auftreten. Sie trugen ein Kettenhemd, also einen aus kleinen Metallringen zusammengelöteten Stoff. Die Plattenharnische, die uns heute so mittelalterlich vorkommen, wurden erst ganz an dessen Ende üblich, als Rittertum und Ritterturniere schon zur reinen Show verkommen waren und militärisch keine Rolle mehr spielten. Und wenn sich in den Filmen Ritter in der Rüstung an die Hoftafel setzen, ist das einfach lächerlich.

## Quer zum *ordo*: die Städte

Im späteren Mittelalter taucht ein Phänomen auf, das quer zur herkömmlichen Ständeordnung lag: der Aufstieg der Städte. Die meisten Städte sind in Anlehnung an einen Bischofssitz oder eine Burg entstanden; vom 12. Jahrhundert an werden auch gezielt Städte gegründet. Sie sind deshalb meist einem Stadtherrn untergeordnet, der sich in ihre Verwaltung einmischt und Steuern von ihnen fordert. Innerhalb der Städte herrschen aber durchaus demokratische Strukturen, Standesunterschiede spielen nur insoweit eine Rolle, als sie durch wirtschaftlichen Vorrang unterfüttert sind.

In die Stadt kommen aber auch bäuerliche Handwerker vom Lande, die dort eigentlich einem Grundherrn untertan sind. Der Grundherr fordert diese Untertanen zwar zurück, aber es gelingt ihm oft nicht, seinen Anspruch durchzusetzen, wodurch der entlaufene Handwerker frei wird: »Stadtluft macht frei nach Jahr und Tag.«

Um die Ansprüche solcher Grundherrn und überdies die Forderungen der Stadtherrn abzuwehren, schließen sich die Bürger zu einer Schwurgemeinschaft zusammen – auch das ein demokratisches Element, wenngleich wir dieses Wort nicht anachronistisch missverstehen dürfen. Am besten ist die Lage derjenigen Städte, die den König selbst zum Stadtherrn haben, denn »der Himmel ist hoch, und der Kaiser ist weit«.

Nachdem wir bereits so grandios mit dem Versuch gescheitert sind, präzise Daten für Anfang und Ende des Mittelalters anzugeben, wollen wir uns jetzt zumindest bemühen, die Epoche ein wenig zu untergliedern. Man unterscheidet gewöhnlich Frühmittelalter, Hochmittelalter und Spätmittelalter. Das hohe Mittelalter ist die Zeit der Staufer, deren bekanntester Vertreter Kaiser Friedrich Barbarossa ist. Als sein Enkel Friedrich II. 1250 stirbt, bedeutet das eine Zäsur. Es beginnt das Interregnum oder, nach den Worten Friedrich Schillers, »die schreckliche, die kaiserlose Zeit«. Als dann 1273 Rudolf von Habsburg auf den Thron kommt, sieht die Welt gründlich anders aus. Es beginnt das Spätmittelalter, das von Barbarossas Kaiserherrlichkeit weit entfernt ist. Im frühen Mittelalter regieren Karolinger und Ottonen. Bei den Saliern (bekannteste Gestalt Heinrich IV., den wir gleich in Canossa beobachten werden) können wir zweifeln, ob wir sie noch zum frühen oder schon zum hohen Mittelalter zählen wollen.

Die anderen Länder haben es da einfacher. In Frankreich folgen auf die Karolinger kurz vor der Jahrtausendwende die Kapetinger, die dann durch die Nebenlinien der Valois und Bourbonen im Prinzip bis zur Französischen Revolution auf dem Thron sitzen. In England regieren angelsächsische Könige, bis 1066 der Normanne Wilhelm der Eroberer die Insel okkupiert; der jetzige König Charles III. ist sein Nachfahre in der 31. Generation.

Für Spanien können wir Früh- und Hochmittelalter zur Epoche der *reconquista*, der Rückeroberung des Landes von der arabischen Herrschaft, zusammenfassen, die 1212 mit der Schlacht von Las Navas de Tolosa im Wesentlichen abgeschlossen ist. In Süditalien beginnt mit der Eroberung des Landes durch die Normannen das hohe Mittelalter, das dann mit dem Ende der Staufer 1268 ins Spätmittelalter übergeht.

| | England | Frankreich | Deutschland | Italien | | Spanien | |
|---|---|---|---|---|---|---|---|
| 550 | | Merowinger | | | | Westgoten | Frühmittelalter |
| 600 | | | | Langobarden | | | |
| 650 | | | | | | | |
| 700 | | | | | | Araber *reconquista* | |
| 750 | Angelsachsen | Karolinger | | | | | |
| 800 | | | | | | | |
| 850 | | | | | | | |
| 900 | | | | | | | |
| 950 | | | Ottonen | | Sizilien | | |
| 1000 | | Kapetinger | | | Normannen | | |
| 1050 | Normannen | | Salier | | | | Hochmittelalter |
| 1100 | | | | | | | |
| 1150 | | | Staufer | | | | |
| 1200 | | | | | | Las Navas de Tolosa | |
| 1250 | | | Interregnum | | Anjou & Aragón | | |
| 1300 | | Valois | Habsburger & Luxemburger | | | | Spätmittelalter |
| 1350 | | | | | | | |
| 1400 | | | | | | | |
| 1450 | | | | | | | |

## Die da oben, die da unten

Wie wir feststellen konnten, herrscht im Mittelalter eine strenge Trennung zwischen »denen da oben« und »denen da unten«, die kaum je zu überwinden ist. Im Mittelalter selbst bevorzugt man eine Teilung in drei Gruppen: Adel, Geistlichkeit und Bauern. Aber das ist so nicht richtig, denn es sind dieselben Familien, die in Staat und Kirche das Sagen haben. Aus dem hohen Adel stammen Herzöge und Grafen und Erzbischöfe und Bischöfe, aus den niederen Schichten Bürger, Bauern und Landpfarrer.

Besonders beim Adel wechseln dieselben Personen zwischen weltlichen und geistlichen Stellungen hin und her. So ist zum Beispiel Philipp von Schwaben bereits als Bischof von Würzburg eingesetzt, als sein älterer Bruder Kaiser Heinrich VI. 1197 stirbt und Philipp dann doch König werden muss. In Spanien gibt es einen Fall, wo ein Königssohn, der schon seit Jahren Mönch in einem Kloster ist, dort wieder hervorgeholt wird, als alle anderen Familienmitglieder gestorben sind; er wird also König (Ramiro II. von Aragón, von 1134 bis 1137), heiratet, zeugt eine Tochter Petronila und kehrt, sobald für diese mit dem Grafen Ramón IV. von Barcelona ein Ehemann gefunden ist, wieder in sein Kloster zurück.

Thomas von Aquin (1225–1274) stammt aus einer Hochadelsfamilie, aber er kommt auf die Idee, in einen Orden einzutreten – jedoch nicht etwa in einem berühmten Kloster, sondern in den Bettelorden der Dominikaner. Die Familie ist entsetzt, kidnappt den jungen Mönch und sperrt ihn in einem Turm ein. Um ihn zur Räson zu bringen und um ihm vor Augen zu führen, was er als Mönch versäumt, wird eine attraktive junge Dame in das Gefängnis geschickt, aber Thomas zieht ein brennendes Holzscheit aus dem Ofen und vertreibt die Verführerin. Bekanntlich wird er später ein bedeutender Gelehrter und Heiliger.

Man sagt gerne, die Kirche habe auch einfachen Leuten die Möglichkeit eines sozialen Aufstiegs geboten. Das ist aber grundsätzlich falsch. Die Standesschranken wirken auch im Klerus: Wenn ein Adliger ins Kloster eintritt, kann er mit Gewissheit damit rechnen, alsbald Abt oder wenigstens Prior zu werden. Mönche aus einfachen Familien haben diese Chance nicht.

Ausnahmen bestätigen auch hier die Regel, aber es sind eben Ausnahmen. So war etwa Papst Nikolaus IV. (1288) der Sohn eines Schusters, und Cölestin V. (1294) stammte aus einer Bauernfamilie. Danach müssen wir aber bis ins Jahr 1903 warten, bis mit Pius X. der Sohn eines Gemeindedieners Papst wird.

Eine Ausnahme in umgekehrter Richtung ist der thüringische Graf Gunther, der 1005 im Alter von etwa 50 Jahren zu der Überzeugung kommt, dass er in seiner bisherigen Stellung nicht das gottgefällige Leben führen könne, das er für angemessen hält. Er gibt deshalb seinen weltlichen Besitz und seine Stellung auf und tritt ins Kloster Hersfeld ein. Trotz bestem Willen gelingt es ihm aber nicht, sich in die Klostergemeinschaft einzufügen, denn er ist halt immer noch der Graf und wird, mag er selbst noch so demütig sein, von den anderen Klosterbrüdern als solcher behandelt. Der Abt nutzt deshalb die weitgespannten Beziehungen der Klöster untereinander und sendet ihn weit weg von seiner Heimat nach Niederaltaich an der Donau. Aber auch da gibt es dieselben Probleme, weshalb ihn der dortige Abt auf einen Außenposten des Klosters in den tiefsten Bayerischen Wald schickt, nach Rinchnach, wo er dann als Einsiedler lebt und eines gottseligen Todes stirbt.

## Einige Personen, denen ich gerne begegnet wäre

Aber damit genug der Theorie, denn ich stelle nun einige interessante Persönlichkeiten vor, die ich gerne selbst kennengelernt hätte. Die Auswahl ist vollkommen subjektiv, aber die wichtigen und bedeutenden Personen auch nur aufzuzählen, würde den Umfang dieses Buches weit überschreiten (und mehr als 100 Seiten dürfen es nicht sein, sagt der Verlag ...). Ich beginne unter Übergehung Karls des Großen – wogegen dieser selbst sicher heftig protestiert hätte – mit der langobardischen Königin Theudelinde.

### Theudelinde, Königin der Langobarden (550–627)

Am Ende des 6. Jahrhunderts schlossen die Bayern und die Langobarden in Italien ein Bündnis gegen die Franken ab. Der Vertrag wurde durch eine Ehe zwischen dem langobardischen König Authari und der bayerischen Prinzessin Theudelinde bekräftigt. Soweit die nüchternen Tatsachen. Aber die Sage umgibt »Autharis Brautfahrt« mit einem märchenhaften Schimmer. Der junge König möchte seine Braut nämlich erst einmal selbst in Augenschein nehmen, bevor er sich endgültig entscheidet, und schließt sich inkognito der Gesandtschaft von Pavia nach Regensburg an. Er sieht sie und ist hingerissen. Das verleitet ihn zu einer unvorsichtigen Handlung, die böse Folgen hätte haben können. Beim abendlichen Festmahl streicht er heimlich der jungen Frau über die Haare. Das war – nach heutiger Terminologie – ein Fall von sexueller Belästigung, und das bayerische Recht verstand da keinen Spaß. Theudelinde ist also empört, gleichzeitig aber fasziniert von dem schmucken und kühnen jungen Mann. Eine erfahrene Dienerin rettet die Situation: Niemand, so bedeutet sie Theudelinde, außer dem Bräutigam selbst habe sich so etwas herausnehmen können.

Theudelinde wird also 584 langobardische Königin. Aber die Ehe dauert nur sechs Jahre; dann stirbt Authari. Als Witwe plant Theudelinde wahrscheinlich, nach Bayern zu ihrem Vater zurückzukehren. Es kommt aber anders, denn weil »die Königin Theudelinde den Langobarden so sehr gefiel«, schreibt der Chronist Paulus Diaconus (725/30–800),

> »erlaubten sie ihr, die königliche Würde zu behalten, und schlugen ihr vor, sie möge denjenigen von allen Langobarden, den sie sich wünsche, zum Manne erwählen, freilich jemanden, der das Reich wohl regieren könne. Jene aber beriet sich mit klugen Leuten und wählte sowohl sich zum Manne als auch dem Volk der Langobarden zum König den Herzog Agilulf von Turin. [...] Als er zu ihr kam, ließ sie nach einigen Worten Wein bringen. Nachdem sie zuerst getrunken hatte, gab sie die zweite Hälfte Agilulf zu trinken. Dieser nahm den Becher, und als er der Königin ehrfürchtig die Hand geküsst hatte, da errötete diese und sagte lä-

chelnd, der solle ihr nicht die Hand küssen, dem es zukomme, ihr den Kuss auf den Mund zu geben. Und sogleich [...] eröffnete sie ihm die Neuigkeit über ihre Ehe und das Königtum. Was weiter? Mit großer Freude wurde die Hochzeit gefeiert. [...] Schließlich wurde noch eine Volksversammlung der Langobarden abgehalten, und Agilulf wurde im Mai bei Mailand von allen zum König erhoben.«

Eine charmante Geschichte! Auch wenn wahrscheinlich Agilulf in Wirklichkeit zuerst die Macht ergriffen und dann als zusätzliche Legitimation die Witwe seines Vorgängers geheiratet hat. Theudelinde mischte dann nachhaltig in der Politik mit, korrespondierte selbstständig mit Papst Gregor dem Großen und leitete es in die Wege, dass die Langobarden von der veralteten arianischen Konfession zum Katholizismus überwechselten.

## Eleonore von Aquitanien (1122–1204)

Machen wir einen Sprung ins 12. Jahrhundert. Eleonore (oder wie sie selbst sagte »Alienor«) ist die Tochter Herzog Wilhelms X. von Aquitanien und, da es keine Brüder gibt, auch die Erbin dieses großen Herzogtums im Südwesten Frankreichs. Dem Vater gelingt es, sie mit dem nachmaligen König Ludwig VII., zu verheiraten. Dieser Gedanke ist ebenso kühn wie glücklich: Er sichert Eleonore den Besitz des Herzogtums und bedeutet für den König eine beträchtliche Machterweiterung.

Das junge Paar – Ludwig zählt 17, Eleonore 15 Jahre – passt vom Alter her zusammen, aber das ist auch das Einzige, was bei ihnen zusammenpasst. Um nicht missverstanden zu werden: Aus der Ehe gehen mehrere Kinder hervor. Aber von Charakter und Lebensgefühl her sind beide grundverschieden. Ich erinnere mich aus dem Französischunterricht in der Schule an den Satz: *Le roi était une sorte de moine couronné, la reine était frivole.* (›Der König war eine Art gekrönter Mönch, die Königin war leichtfertig‹.) Ludwig ist eigentlich gar nicht als König vorgesehen, denn er hat einen älteren Bruder, und er fühlt sich im Kloster St. Denis, wo er von dem berühmten Abt Suger erzogen wird, auch sehr wohl. Dann aber stirbt der ältere Bruder auf höchst groteske Weise: Er reitet durch Paris, als sein Pferd vor einem frei herumlaufenden Schwein scheut und ihn abwirft. So muss Ludwig die Rolle des Kronprinzen und später Königs übernehmen.

Was das Schulbuch der ausgehenden Adenauerzeit als »Frivolität« bezeichnete, äußert sich heute in Ausdrücken wie »Königin der Troubadoure«. Ihr Vater und Großvater waren bedeutende Dichter gewesen, auch Eleonore hat sich sicher so besingen lassen, was ihrem frommen Ehemann nicht unbedingt gefallen mochte.

Wie dem auch sei, als König Ludwig VII. sich 1146 dem 2. Kreuzzug anschließt, befindet er es für gut, seine Frau mit ins Heilige Land zu nehmen. Unterwegs kommt es zur Krise, und die Königin verlangt die Trennung ihrer Ehe mit der vorgeschobenen Begründung, sie seien zu nah miteinander verwandt. Die Heimfahrt vom Kreuzzug erfolgt schon auf gesonderten Schiffen und Routen; der Papst versucht die Ehe noch einmal zu retten, erreicht aber nur eine vorübergehende Versöhnung. Schließlich fällt am 21. März 1152 die Entscheidung für die Auflösung der Ehe.

Die eigentliche Demütigung für Ludwig VII. steht aber noch bevor: Zwei Monate später, am 18. Mai 1152, heiratet Eleonore erneut, und zwar Herzog Heinrich von der Normandie, der dann 1154 König von England wird. In diese Ehe bringt Eleonore auch ihr Herzogtum Aquitanien mit ein. Was das geopolitisch bedeutet, zeigt ein Blick auf die Karte:

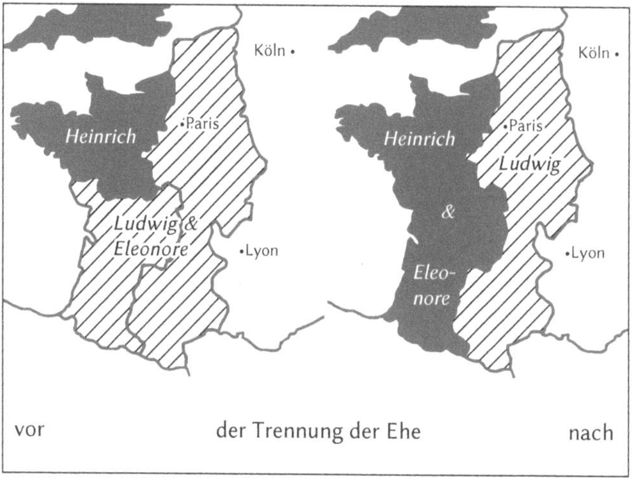


Die neue Ehe ist ein Zweckbündnis zwischen einem Mann und einer elf Jahre älteren Frau, Zuneigung ist nicht vorgesehen und stellt sich auch nicht ein. Da zwischen der Trennung Eleonores von Ludwig VII. und der Heirat mit Heinrich II. nicht einmal zwei Monate lagen, dürfen wir davon ausgehen, dass der Coup bereits vorher eingefädelt war. Aus der Ehe gehen dennoch acht Kinder hervor, darunter die späteren englischen Könige Richard Löwenherz und Johann Ohneland. Wenn wir zu diesen acht Kindern noch einige hinzurechnen, die so bald nach der Geburt starben, dass sie keine Spuren in den Quellen hinterließen, so ergibt sich, dass Eleonore in den fünfzehn ersten Jahren ihrer Ehe mit Heinrich II. praktisch ununterbrochen schwanger war. Man erwartete das von einer mittelalterlichen Königin, aber es begründet auch, warum sie politisch in dieser Zeit kaum hervortritt.

1173 bricht in der königlichen Familie ein Konflikt aus, der die Söhne veranlasst, nach Frankreich zu Ludwig VII. zu fliehen. Auch Eleonore will fliehen, wird aber unterwegs aufgegriffen, von ihrem Ehemann gefangengesetzt und anderthalb Jahrzehnte lang interniert. Erst als Heinrich 1189 stirbt und ihr Lieblingssohn Richard Löwenherz König wird, kommt sie frei.

In diese Zeit fällt auch die Geschichte von *Fair Rosamund*, Lady Jane de Clifford. Sie ist die Maitresse Heinrichs II. Fremdzugehen war für einen damaligen König nicht ungewöhnlich; Heinrichs Großvater hatte 20 uneheliche Kinder. Statt in dieser Weise *à la carte* zu leben, war eine feste Maitresse – später sagte man: eine *maîtresse en titre* – dann doch besser, sofern diese nicht versuchte, die rechtmäßige Königin auch juristisch zu verdrängen und den König selbst zu heiraten. Im Falle der *Fair Rosamund* kommt es nicht so weit. Die Sage will wissen, Heinrich habe seine Geliebte im Palast von Woodstock (10 km nordwestlich von Oxford) versteckt und, um sie vor Eleonore zu schützen, den Zugang in Form eines Irrgartens anlegen lassen. Natürlich ist das für Eleonore kein Hindernis, und sie kann ihre 10 bis 15 Jahre jüngere Rivalin stellen – ein beliebtes Motiv für Historienmaler. Ob es das Labyrinth von Woodstock wirklich gegeben hat, ist unklar; der dortige Palast geht aber tatsächlich bis ins frühe 12. Jahrhundert zurück. Mit dem legendären Woodstock in den USA und dem dortigen Festival von 1969 hat er aber nichts zu tun.

Insgesamt hatte Eleonore also wenig Zeit, sich als Königin der Troubadoure besingen zu lassen, und vielleicht waren die

Jahre ihrer Ehe mit Ludwig VII. doch die glücklichere Zeit ihres Lebens.

Nachbemerkung: Obwohl Eleonores Ehe mit Ludwig VII. getrennt wurde, stammen kurioserweise alle folgenden französischen Könige von ihr ab (die englischen sowieso), und zwar über ihre Enkelin Blanca, die einen Enkel Ludwigs VII. heiratete.

## Kaiser Friedrich Barbarossa (1122–1190)

Wer an die mittelalterliche Kaiserherrlichkeit, an Ruhm und Glanz des Heiligen Römischen Reiches, an eine vom Rittertum dominierte Epoche denkt, dem kommt zuerst Kaiser Rotbart in den Sinn, der noch dazu einen so schönen Beinamen trägt. Der Historiker muss hier ein wenig den Spielverderber geben, denn ganz so ritterlich war sein Verhalten gar nicht, und Rechtsbrüche und faule Kompromisse waren ihm keineswegs fremd.

Aber fangen wir einmal mit dem Positiven an. Wir wissen nämlich ganz gut, wie er aussah und im persönlichen Umgang auf andere wirkte. Acerbus von Morena, ein Italiener in Diensten des Kaisers, also ein Augenzeuge, hat ihn in seiner Chronik beschrieben:

> »Der Kaiser war von mittlerer Größe und schöner Gestalt. Er hatte ein weißes Gesicht und errötete leicht. Die Haare waren fast gelb und gekräuselt. Sein Antlitz war heiter, sodass es aussah, als wolle er ständig lachen. Er hatte weiße Zähne und schöne Hände. Er geriet nur selten in Zorn und war von rascher Auffassungsgabe.«

Wir vermissen natürlich den roten Bart, aber vielleicht hat er sich den ja erst später wachsen lassen. Ein feuerroter Bart zu strohblonden Haaren: Das ist genetisch denkbar und ergibt ein prachtvolles Bild. Und natürlich müssen wir uns vorstellen, dass er schwäbischen Dialekt sprach.

Barbarossas Wahl zum deutschen König 1152 ist ein Kuhhandel (unfreundlich ausgedrückt) bzw. ein kluger politischer Kompromiss (positiv formuliert) zwischen den beiden wichtigsten Adelsfamilien der Zeit, den Staufern und den Welfen. Diese liegen im Streit, seit die Staufer 1138 den Welfen nicht nur die Königswürde weggeschnappt, sondern auch noch ihre beiden Herzogtümer Sachsen und Bayern aberkannt haben. Barbarossa ist vom Vater her Staufer, von der Mutter her Welfe, also beiden Seiten genehm. Die Regierung lässt sich gut an, und Friedrich erhält auch 1155 problemlos die Kaiserkrone, aber die norditalienischen Städte sind eine effektive Herrschaft des Kaisers in Italien nicht mehr gewöhnt, und so zieht sich durch seine ganze Regierungszeit der Konflikt mit ihnen, der teils sehr gewaltsam ausgetragen wird; aber die Einzelheiten wären ermüdend.

Dazu kommt aber noch eine Krise des Papsttums. 1159 werden zwei Päpste gewählt, die Exponenten zweier Parteien im Kardinalskollegium sind. Der eine (Viktor IV.) will mit Barbarossa zusammenarbeiten, der andere (Alexander III.) pocht hingegen auf die Unabhängigkeit des Heiligen Stuhls. Die Wahl ist eine dramatische Szene, bei der die beiden Kandidaten vor aller Augen mit den Fäusten aufeinander losgehen und sich den Purpurmantel von den Schultern reißen. Barbarossa erkennt natürlich Viktor an. Welche Wahl die rechtmäßige war, ist bis heute ungeklärt; schließlich gewinnt Alexander 1176 dadurch die Oberhand, dass er seine Gegner überlebt.

1184 steht Barbarossa auf der Höhe seiner Macht und hält in Mainz einen Hoftag ab, der die Zeitgenossen derart beeindruckt hat, dass er sogar in Ritterromanen erwähnt wird. Danach bleibt eigentlich nur noch die Apotheose: ein Kreuzzug ins Heilige Land. Er beginnt für Barbarossa 1189 und endet 1190 mit dem Tod des Kaisers, aber mehr dazu später.

Doch Barbarossa ist damit nicht aus der Geschichte verschwunden. Er hat sich nur zurückgezogen und wartet im Kyffhäuser darauf, in Zeiten höchster Not zurückzukehren und Deutschland zu retten (auch wenn sein roter Bart inzwischen weiß geworden ist und durch den Tisch wächst).

## Hildegard von Bingen (1098–1179)

Eleonore von Aquitanien wurde quasi in die Politik hineingeboren und hat als Politikerin Wirkungen erzielt, die weit über ihre Lebenszeit hinausgingen. Das ist bei Hildegard von Bingen sowohl anders als auch gleich. Dass sie Einfluss auf die Politik nehmen würde, war ihr wahrlich nicht in die Wiege gelegt worden, ist aber doch geschehen, wenn auch auf ganz anderem Wege als bei der hochgeborenen Prinzessin. Aber das Mittelalter ist eine vielgestaltige Zeit, die uns immer wieder durch Ereignisse überrascht, auf die man nicht im Traum von selbst kommen würde. Hildegard ist vor allem als heilkundige Frau bekannt, und als solche hat sie heute noch oder wieder ihre Anhänger. Weitaus wichtiger ist sie aber als Mystikerin – man kann auch sagen: als Seherin oder Prophetin. Und daraus leitet sich dann ihre Rolle in der Politik ab.

Zunächst aber ein paar biographische Angaben: Hildegard ist 1098 geboren und stammt aus einer Grafenfamilie. 1106 tritt sie ins Kloster Disibodenberg ein, wo sie 1136 zur Äbtissin gewählt wird. 1141 erlebt sie das, was sie als ihre Berufung zur Prophetin bezeichnet, d. h. sie hat von diesem Zeitpunkt an Visionen, die sie niederschreibt. So etwas ist damals nicht ganz ungefährlich, besonders für eine Frau. Deshalb bemüht sie sich um kirchliche Anerkennung. Ihr wichtigster Förderer ist dabei Bernhard von Clairvaux, der geistige Vater des Zisterzienserordens. Schließlich bestätigt 1148 Papst Eugen III. die göttliche Herkunft ihrer Visionen; da der Papst dem Zisterzienserorden entstammt, findet Bernhard bei ihm ein offenes Ohr.

Der äußere Lebensweg Hildegards bringt 1151 zunächst die Gründung des Klosters Rupertsberg, dann 1165 die Gründung des Klosters Eibingen. Bei der Weihe des Klosters Rupertsberg wird in Anwesenheit des Mainzer Erzbischofs das von Hildegard verfasste Mysterienspiel *Ordo virtutum* aufgeführt, in dem die Tugenden, verkörpert durch 16 Nonnen, mit dem Laster Streitgespräche führen; die Rolle des Teufels muss ein Mann spielen, der Sekretär der Äbtissin. Von 1158 bis 1171 unternimmt sie – und das ist nun wirklich außergewöhnlich – Rei-

**Ein Rezept Hildegards von Bingen**

»Gegen Haarausfall. Wenn einem jungen Menschen die Haare auszufallen beginnen, nimm Bärenfett und ein wenig Asche von Weizenstroh, mische dies miteinander und reibe damit seinen ganzen Kopf ein, vor allem dort, wo die Haare auf seinem Kopf auszufallen beginnen. Danach soll er diese Salbe auf seinem Kopf lange nicht abwaschen. Die Haare, die noch nicht ausgefallen sind, werden durch diese Salbe angefeuchtet und gekräftigt, sodass sie lange Zeit nicht ausfallen werden.«

Hildegard von Bingen, abgebildet auf dem Frontispiz des *Liber Scivias*, der ersten Visionsschrift Hildegards, aus dem *Rupertsberger Codex* (um 1180)

sen, um Predigten zu halten. Sie ist meines Wissens die einzige Frau im Mittelalter, die öffentlich predigte. 1179 stirbt sie.

Hildegards medizinisches Hauptwerk heißt *Causae et curae*, ›Ursachen und Heilverfahren‹. Darin geht es aber weniger um das, was man heute gerne »Hildegard-Medizin« nennt, sondern überwiegend um Frauen- und Geburtsheilkunde. Es war im Mittelalter durchaus üblich, dass sich Schwangere für die Niederkunft in ein Kloster begaben, vor allem, wenn Komplikationen zu fürchten waren.

Genauso spannend ist aber die Rolle Hildegards als Politikerin – oder sagen wir besser: als politische Beraterin. Diese Beratung erfolgt in der Regel brieflich, d. h. die Prophetin sendet den Herrschern ihrer Zeit Mahnschreiben, in denen sie gar nicht zimperlich mit den Mächtigen ihrer Zeit umgeht. Dabei kann sie inhaltlich sehr deutlich werden, so etwa, wenn sie einem Papst Trägheit vorwirft und dass er sein hohes Lebensalter als Vorwand für Untätigkeit vorschütze. Direkte Anweisungen gibt sie Barbarossa im Schisma von 1159, als der Kaiser ihrer Meinung nach den falschen Papst unterstützt; wir hörten eben schon davon.

Amüsanterweise hat Hildegard auch eine Geheimsprache und eine Geheimschrift erfunden.

## Benedikt Caetani = Papst Bonifaz VIII. (1235–1303)

Wer diesem Papst persönlich gegenübertrat, war zunächst angenehm überrascht: eine Gestalt von passender Körpergröße (nicht zu groß, nicht zu klein, so wie man das im Mittelalter liebte), wohlgeformte Gesichtszüge, denen die Härte des Alters fehlte, die sonst so vielen Päpsten zu eigen war, auffallend schöne Hände, auf die seine Angewohnheit, mit den Ringen an seinen Fingern zu spielen, sofort den Blick lenkte. Dieser positive Eindruck änderte sich aber schlagartig, sobald er den Mund öffnete: Nicht nur, dass ihm im Oberkiefer zwei Schneidezähne fehlten, er bediente sich auch einer anmaßenden und herausfordernden Sprechweise, und das sogar bei gottesdienstlichen Handlungen, so etwa beim Austeilen des Aschenkreuzes, bei dem ihm Schimpfworte wider seine politischen Gegner herausrutschten. Überdies glaubte man, dass dieser Mann seinen Vorgänger, den heiligen Papst Cölestin V., betrügerisch zum Rücktritt gezwungen habe.

Und damit sind wir schon auf die Lügenpropaganda seiner Gegner hereingefallen, denn es gibt keinerlei Beweise dafür, dass er seinen Vorgänger irgendwie betrogen hätte. Cölestin, ein ehemaliger Einsiedler, den die Kardinäle nur aus Verzweiflung gewählt hatten, weil sie sonst keine Mehrheit erzielen konnten, war mit dem Papsttum völlig überfordert (was ihm selbst schnell bewusst wurde) und trat freiwillig zurück. Bonifaz VIII. musste deshalb den Saustall ausmisten, den Cölestin und die Kardinäle hinterlassen hatten, und dabei trat er zwangsläufig vielen auf die Füße.

Aber er verstand es auch hervorragend, sich Feinde zu machen. Eine Hauptaufgabe seines Pontifikates sah er nämlich darin, seiner Familie, den Caetani, eine fürstliche Stellung zu verschaffen, und das ging nur zu Lasten der alteingesessenen Adelshäuser, vor allem der Colonna. Dazu nutzte er skrupellos die Möglichkeiten, die das Papsttum ihm bot, unter anderem durch einen förmlichen Kreuzzug gegen diese Familie. Der Erfolg gab ihm recht, zumindest vorerst: Der Hauptsitz der Colonna wurde erobert und dem Erdboden gleichgemacht, viele ihrer Besitzungen beschlagnahmt und den Caetani übertragen.

Aber die Anführer der Colonna gingen ins Exil und hetzten einen Gegner auf den Papst, dem er dann nicht gewachsen war, nämlich den französischen König Philipp IV. Ein eher nichtiger Anlass – es lohnt nicht, ihn hier näher auszuführen – wurde zu einer grundsätzlichen Auseinandersetzung über das Verhältnis von Kirche und Staat hochgeschaukelt. Bonifaz fasste die kirchlichen Ansprüche in schärfster Zuspitzung zusammen (das ist die berühmte Bulle *Unam sanctam*) und drohte, den König abzusetzen. Dieser verschaffte sich durch geschickte Propaganda die Rückendeckung der Bevölkerung, wobei er auch gefälschte Urkunden verwendete. Dann schickte er seinen Mitarbeiter Nogaret nach Italien, um das Problem praktisch zu lösen. Nogaret überfiel den Papst in Anagni und versuchte, ihn zur Abdankung zu zwingen. Das gelang aber nicht, und Bonifaz gab auch als Gefangener in der Sache nicht einen

Millimeter nach. Er rief vielmehr seinen Entführern zu – die Worte sind so in der Umgangssprache überliefert –: *Ec le cap, ec le col* (›Hier ist der Kopf, hier ist der Nacken‹, zu ergänzen: schlag zu und töte mich, wenn du dich traust.) Nogaret traute sich nicht, aber Bonifaz brach psychisch zusammen und starb kurz darauf.

Sein zweiter Nachfolger, Clemens V., war weniger widerstandsfähig und verlegte die Kurie von Rom nach Avignon, wo die Päpste dann siebzig Jahre lang blieben.

## Kaiser Ludwig der Bayer (1283–1347)

»Schärfe deinen Geist, Schreiber! Eine schwere Arbeit harret deiner, wagst du es zu schildern den langsamen und langen Flug eines gewaltigen Adlers, der, töricht zugleich und klug, achtlos zugleich und sorgenvoll, träge zugleich und ungestüm, niedergeschlagen zugleich und heiter, kleinmütig zugleich und tapfer, unglücklich zugleich und glücklich, noch aufstieg, während ihm schon die Flügel versengt waren.«

Mit diesen Worten beginnt der Chronist Matthias von Neuenburg eine Generation nach dem Tode seines Helden seine Lebensbeschreibung Ludwigs des Bayern. Die Worte lassen etwas von der zwiespältigen Wirkung erahnen, die dessen Gestalt schon auf die Zeitgenossen ausgeübt hat.

Soeben ist 1313 Kaiser Heinrich VII. gestorben, und die Neuwahl des deutschen Königs steht an. Es gibt aber zwei Parteien und zwei Kandidaten, Herzog Ludwig von Oberbayern und Herzog Friedrich den Schönen von Österreich, die übrigens Jugendfreunde sind, weil sie gemeinsam in Wien am Hofe Rudolfs von Habsburg aufwuchsen. Von den sieben Kurfürsten stimmen fünf für Ludwig, vier für Friedrich. Das mathematische Kuriosum (5+4=7) entsteht dadurch, dass zwei Kurstimmen (Sachsen und Böhmen) doppelt abgegeben werden. Für Ludwig stimmen die Erzbischöfe von Mainz und Trier, der Markgraf von Brandenburg, König Johann von Böhmen und der Herzog von Sachsen-Lauenburg; für Friedrich stimmen der Erzbischof von Köln, der Pfalzgraf bei Rhein, der Herzog von Sachsen-Wittenberg sowie ein politisches Gespenst, Herzog Heinrich von Kärnten, der von 1307 bis 1310 König von Böhmen war, aber von dort vertrieben wurde. Es folgt, wie bei einer zwiespältigen Wahl üblich, der Wettlauf um die Krönung, aber auch dieser Schritt geht unentschieden aus.

Somit bleibt nur noch die militärische Entscheidung. 1315 liegen sich die Heere beider Könige vom 13. bis zum 15. März bei Speyer gegenüber; dann zieht Ludwig im Schutze der Nacht ab, ohne dass wir wissen, warum. Das Schauspiel wiederholt sich dreimal. Erst 1322, also fast acht Jahre nach der Doppelwahl, kommt es tatsächlich zu einer Schlacht bei Mühldorf/Erharting, die Ludwig gewinnt. Friedrichs Bruder Leopold ist mit Verstärkungen im Anmarsch, kommt aber nicht mehr rechtzeitig an, da die Mönche von Fürstenfeld den Boten, der zur Eile mahnt, abfangen. In der Schlacht gerät Friedrich in die Gefangenschaft Ludwigs, was dessen Sieg vollständig macht. Jedoch geben die anderen Habsburger den Widerstand nicht auf. Da Ludwig dieses Problem aber endlich lösen will, kommt es 1325 zu dem sonderbaren Vertrag der »Trausnitzer Sühne«: Ludwig lässt Friedrich ohne Lösegeld frei, gegen das Versprechen, auf die Krone zu verzichten und seine habsburgischen Brüder ebenfalls zum Verzicht zu bewegen. Sollte ihm dies misslingen, muss er in die Haft zurückkehren.

Und tatsächlich scheitert das Unterfangen, und Friedrich tritt vertragstreu zur Wiederverhaftung an. Das klingt wie ein anachronistisches Spiel mit Ritterehre und dergleichen, aber Ludwig verließ sich offenbar auf das Ehrenwort – ob in richtiger Einschätzung von Friedrichs Charakter oder im Gefühlsüberschwang einer herzzerreißenden Begegnung mit dem Jugendfreund, wissen wir nicht. Friedrich der Schöne hält also den Vertrag ein, und nun findet Ludwig eine auf den ersten Blick kuriose, tatsächlich aber sehr raffinierte Lösung: Er nimmt Friedrich zum Mitkönig an, es gibt in Zukunft also zwei gemeinsam regierende deutsche Könige. Das ist deshalb raffiniert, weil damit sowohl der habsburgische Widerstand neutralisiert als auch dem Papst die Möglichkeit genommen ist, die beiden Kontrahenten gegeneinander auszuspielen. Friedrich der Schöne spielt allerdings bis zu seinem baldigen Tode praktische keine Rolle.

Warum, so müssen wir uns ja fragen, hat sich überhaupt der Papst noch nicht zu Wort gemeldet, obwohl die Kurie seit mindestens einem Jahrhundert beansprucht, an der Königserhebung entscheidend mitzuwirken? Wahrscheinlich kommt Johannes XXII. der Streit der beiden Deutschen durchaus gelegen, denn so hat er freie Hand für seine Politik in Italien – die Wiederherstellung des Kirchenstaates als Voraussetzung für die Rückkehr der Kurie von Avignon nach Rom. Sobald Ludwig aber in Deutschland den Rücken frei hat, beginnt er in ganz traditioneller Weise, in Italien einzugreifen, und kommt so dem Papst in die Quere. Der erklärt jetzt, Ludwig sei ohne päpstliche Approbation gar nicht rechtmäßiger König, und eröffnet einen Prozess gegen ihn – kanonische Prozesse zu führen, war die Leidenschaft des 80-jährigen Papstes, zumal er dabei praktischerweise Ankläger und Richter in einer Person war. Da Ludwig sich nicht unterwirft, folgen Exkommunikation, Interdikt und Absetzung, letzteres nicht nur als König, sondern sogar in seiner ererbten Funktion als bayerischer Herzog – seitdem nennt die Kurie ihn nur noch *Ludowicus Bavarus ille* (›jener Bayer‹), wovon sich die uns geläufige Bezeichnung »Ludwig der Bayer« ableitet.

Darüber stirbt dann der Papst. Sein Nachfolger Benedikt XII. zeigt sich flexibler, aber es kommt auch unter ihm keine Versöhnung zustande. Clemens VI. schließlich, der auch sonst den Tiefpunkt des Avignoneser Papsttums darstellt, kehrt zu der kompromisslosen Politik Johannes' XXII. zurück und versteigt sich zu Fluchorgien geradezu antiker Prägung.

### Papst Clemens VI. verflucht am Gründonnerstag 1346 Kaiser Ludwig den Bayern

»Es begegne ihm eine Fallgrube, die er nicht kennt, und so falle er hinein. Er sei verflucht beim Eintreten und verflucht beim Hinausgehn. Der Herr schlage ihn mit Wahnsinn und Blindheit und Raserei. Der Himmel sende Blitze über ihn. Der Zorn des allmächtigen Gottes und der heiligen Petrus und Paulus, deren Kirche er gewagt hat und wagt, nach Kräften zu verwirren, entbrenne in Zeit und Ewigkeit gegen ihn. Der ganze Erdkreis kämpfe gegen ihn, die Erde öffne sich und verschlinge ihn lebendig. Alle Elemente seien gegen ihn. Seine Wohnung werde verlassen, und die Verdienste aller dort ruhenden Heiligen sollen ihn in Verwirrung stürzen, und sie sollen in diesem Leben ihre offene Rache an ihm vollziehen, und seine Kinder sollen aus ihrer Wohnstatt geworfen werden und vor seinen Augen in die Hände ihrer verderblichen Feinde fallen.«

Auf der anderen Seite ist Ludwig auch nicht gerade zimperlich. Er zieht 1327/8 gegen den Willen des Papstes nach Italien, empfängt in Rom »aus den Händen des römischen Volkes« die Kaiserkrone, erklärt aus kaiserlicher Vollgewalt Johannes XXII. für abgesetzt und lässt einen Gegenpapst wählen, der allerdings keinen Anhang findet. Aber Ludwigs Politik ist, wie wir schon aus dem Munde Matthias' von Neuenburg hörten, oftmals schwankend und inkonsequent. So betreibt er auch eine aggressive Hausmachtpolitik, die ihm seine Anhänger entfremdet. Deshalb gelingt es schließlich dem Papst, einen Gegenkönig gegen ihn aufzustellen: Markgraf Karl von Mähren, den späteren Kaiser Karl IV. Die Auseinandersetzung mit diesem ist voll im Gange – und es spricht einiges dafür, dass Karl militärisch gescheitert wäre –, als Ludwig überraschend am 11. Oktober 1347 auf der Bärenjagd einen Herzanfall erleidet und stirbt. Zu diesem Zeitpunkt ist er seit über zwei Jahrzehnten im Kirchenbann.

Wir wissen nicht, wo sich Ludwigs Seele befindet. Man könnte dazu Dante zitieren, der in der *Commedia* sagt, die göttliche Barmherzigkeit sei stärker als der Fluch der Prälaten. Ludwigs Körper hat allerdings unter der Exkommunikation zu leiden, denn ihm steht deshalb eigentlich kein christliches Begräbnis zu. Aus dem Kloster Fürstenfeld, wo er zunächst aufbewahrt wird, wird er wieder entfernt – vielleicht, weil die dortigen Zisterziensermönche päpstliche Sanktionen fürchten – und nach München gebracht. Dort liegt er zunächst in der Friedhofskapelle der Frauenkirche, dann seit 1364 in der Frauenkirche selbst, wo das Grab mehrfach verschoben wird, bis es auf dem heutigen Platz anlangt.

Papst Benedikt XIII. regierte vom 1724 bis 1730. Er war eine nichtssagende Persönlichkeit, die den Anforderungen des Amtes kaum gewachsen war. Aber allein dadurch, dass er die Ordnungszahl »XIII.« wählte, erklärte er einen Vorgänger, dem er intellektuell nicht das Wasser reichen konnte, zum Gegenpapst: Pedro de Luna, Papst von 1394 bis 1422.

Pedro wird um 1342/3 geboren. Das ist die Zeit, als die Päpste jahrzehntelang nicht in Rom und auch nicht anderswo in Italien residieren, sondern in Avignon, bis Gregor XI. 1377 nach Italien heimkehrt. Gregor stirbt indes schon 1378, und so findet die Neuwahl in Rom statt. Aber nach den 70 Jahren in Frankreich sind fast alle Kardinäle Franzosen, und die Römer fürchten zu Recht, der neue Papst könne wieder an die Rhône zurückkehren. Deshalb stellen sie sich vor dem Konklave auf und rufen in Sprechchören: *Romano lo volemo, o almanco Italiano!* (›Wir wollen einen Römer zum Papst, oder wenigstens einen Italiener.‹) Schließlich halten sie es nicht mehr aus und stürmen das Konklave. Die Kardinäle fliehen in Todesangst in die Engelsburg. Unter diesen Kardinälen ist auch Pedro de Luna.

Grausame Ironie der Geschichte: Zu diesem Zeitpunkt war die Wahl schon erfolgt, und zwar die Wahl eines Italieners, des Erzbischofs von Bari, Bartolomeo Prignano. Er nennt sich Urban VI. und lässt keinen Zweifel daran: Er ist in Rom und wird auch in Rom bleiben. Aber dann beginnt er sich seltsam zu benehmen. Aus einem freundlichen älteren Herrn wird ein blindwütiger Tyrann, der jedermann vor den Kopf stößt – bis heute weiß niemand, was in ihm vorgegangen ist. Ein halbes Jahr nach der Wahl wird es den Kardinälen zu viel. Sie erklären, die Wahl sei unter Zwang erfolgt und deshalb ungültig,

Urban sei also gar nicht Papst, und wählen dann einen anderen Kardinal zu Papst Clemens (VII.). Warum sie erst jetzt handeln, nachdem sie Urban sechs Monate lang anerkannt haben, begründen sie nicht, doch das macht die Neuwahl illegal.

Urban denkt gar nicht daran, seine Absetzung zu akzeptieren, und so gehen die beiden Päpste aufeinander los, wobei ihnen jedes Mittel recht ist. Clemens' Versuch, Urban zu fangen und als Ketzer verbrennen zu lassen, misslingt; im Gegenteil: Er muss Italien verlassen und schlägt seinen Sitz in – na wo wohl? – in Avignon auf. Die meisten Kardinäle, darunter auch Pedro de Luna, folgen ihm. Damit ist ein Schisma entstanden, eine organisatorische Kirchenspaltung, mit zwei Päpsten, zwei Kardinalskollegien, zwei Kurien, zweifacher Finanzbelastung der Kirche, und im Laufe der Zeit auch oft zwei Bischöfen in den einzelnen Diözesen.

Nun wird vier Jahrzehnte lang versucht, das Schisma zu beenden, aber erfolglos. Warum nicht, als einer der konkurrierenden Päpste stirbt, den überlebenden Papst allgemein anerkennen, wie das in der Vergangenheit schon mehrmals funktioniert hat (etwa 1138 und 1180)? Viermal, 1389, 1394, 1404 und 1406, bietet sich diese Chance, aber die Herren in Rom und vor allem in Avignon wollen ihr (vermeintliches) Recht durchsetzen. Einer der schärfsten Hardliner in Avignon ist Pedro de Luna, und das bringt ihm im Herbst 1394 die Wahl zum Papst ein: Benedikt (XIII.). An kreativen Ideen, das Schisma zu beenden, fehlt es nicht. So wird Benedikt über vier Jahre lang (1398–1403) im Papstpalast in Avignon belagert, aber er hält durch, obwohl er durch einen Kanonenschuss verletzt wird, und kann schließlich fliehen. Auch eine Konferenz in Genua 1408, auf der die beiden Konkurrenten miteinander diskutieren sollen, bleibt erfolglos, weil Benedikt, der übers Meer anreist, und Gregor XII., der auf dem Landweg kommt, »wie ein Wassertier und ein Landtier ihr Element nicht verlassen wollen«, wie die Zeitgenossen spotten. (Der Witz ist weniger harmlos, als er klingt, denn in der Apokalypse kommen zwei Bestien vor, eine aus dem Meer und eine vom Lande. Die Päpste werden also mit apokalyptischen Untieren verglichen.)

1409 schließlich wird es den Kardinälen zu viel: Die Herren beider Seiten tun sich zusammen und berufen gemeinsam ein Konzil nach Pisa ein. Dieses erklärt beide Päpste für abgesetzt und wählt einen neuen Papst, Alexander V. (der bald stirbt und durch Johannes [XXIII.] ersetzt wird). Aber die beiden bisherigen Päpste nehmen ihre Absetzung nicht hin und behalten eine, wenn auch sehr kleine, Anhängerschaft. So gibt es jetzt statt bisher zwei Päpsten nicht einen, wie erhofft, sondern deren drei. 1414 folgt ein neues Konzil mit noch größerer Beteiligung als in Pisa, diesmal in Konstanz, auf dem Johannes eine Bestätigung seiner Rechte erwartet. Aber es kommt anders: Das Konzil setzt alle drei Päpste ab und wählt einen neuen: Martin V. Und diesmal klappt es: Johannes (XXIII.) und Gregor XII. aus Rom knicken ein und treten zurück.

Nur Pedro de Luna hält an seinem Papsttum fest. Er flieht auf die uneinnehmbare Inselfestung Peñíscola bei Valencia und zeigt sich allen Kompromissvorschlägen unzugänglich. Er allein sei der rechtmäßige Papst, und da er inzwischen der einzige Kardinal sei, der noch an der Wahl Urbans VI. teilgenommen hatte, müsse er wohl am besten wissen, was damals geschehen sei. Und in dieser Überzeugung stirbt er schließlich, politisch bedeutungslos geworden, im Spätherbst 1422. Auf den Gedanken, dass man unter Umständen im höheren Interesse auch auf ein wohlerworbenes Recht verzichten muss, scheint er nie gekommen zu sein.

| Rom | | Avignon |
|---|---|---|
| Urban VI. 1378–1389 | | Clemens (VII.) 1378–1394 |
| Bonifax IX. 1389–1404 | | Benedikt (XIII.) 1394–1422 |
| Innozenz VII. 1404–1406 | | |
| Gregor XII. 1406–1415 | Pisa | |
| | Alexander V. 1409–1410 | |
| | Johannes (XXIII.) 1410–1415 | |
| | Konstanz | |
| | Martin V. 1417–1431 | |

Nachbemerkung: Warum ist eigentlich noch niemand auf die Idee gekommen, über Pedro de Luna eine Oper zu schreiben? Eine Rahmenhandlung auf dem Felsennest von Peñíscola, in der der alte Papst sich erinnert; das Konklave von 1378, in dem von hinter der Bühne die Sprechchöre zu hören sind; die Belagerung in Avignon; die beiden Konzilien – all das wäre optisch und musikalisch ein überaus vielversprechender Stoff.

## Zwei besonders harte Köpfe: Heinrich IV. (1050–1106) und Gregor VII. (1019/30–1085) in Canossa

Heinrich IV. ist eine Gestalt, die schon ihren Zeitgenossen unheimlich war, und das gilt im Grunde bis heute. Er war ein Stehaufmännchen, das sich selbst nach den bittersten Niederlagen und Demütigungen immer wieder aufraffte und das vor allem, den Zeitgenossen besonders fremdartig, immer das Unerwartete tat, wie sich noch zeigen wird.

Heinrich lebt seit dem Tod seines Vaters unter der Vormundschaft der Kaiserinwitwe Agnes, es kommt jedoch zu einem Staatsstreich. Heinrich wird in Kaiserswerth bei Düsseldorf auf ein Schiff entführt, aber der 13-jährige Knabe springt in den Rhein und versucht, schwimmend zu entkommen. Wer hätte das gedacht, dass der junge König einfach über Bord springt?

Als Heinrich IV. dann volljährig wird und selbst zu regieren beginnt, sieht er sich erst einmal einem Aufstand in Sachsen gegenüber, den er aber niederwerfen kann. Auch dabei spielt das Unerwartete eine Rolle: Heinrich taucht plötzlich auf der Südseite des Harzes auf, den er auf direktem Wege durch das Gebirge durchquert, während alle Welt glaubt, er werde brav außen herum ziehen und viel länger brauchen. Gebirge und Wald waren bis ins 18. Jahrhundert Orte des Schreckens, die man nach Möglichkeit mied. Erst im 19. Jahrhundert kamen spinnerte Engländer auf die Idee, freiwillig auf die Berge hinaufzuklettern. Insofern war das Rendezvous Heinrichs IV. mit Rübezahl wirklich unerwartet.

Der König ist noch im Hochgefühl seines Sieges über die aufständischen Sachsen, als der große Konflikt mit Gregor VII. beginnt. Da hier auch aufseiten des Papstes viel Persönliches mitspielt, müssen wir ihn zunächst etwas näher betrachten. Gregor VII., mit bürgerlichem Namen Hildebrand, ist ein fanatischer Vertreter der Kirchenreform des 11. Jahrhunderts, die von ihm und seinen Mitarbeitern bis zu der Vorstellung gesteigert wird, eigentlich müssten alle Kleriker wie Mönche leben. Diese Sicht auf die Kirche führt dazu, dass er jegliche Einmischung von Laien in kirchliche Fragen als »Simonie« ausschalten will. Umgekehrt nimmt er aber die Rechte der Kirche in weltlichen Angelegenheiten in weitestem Umfange in Anspruch, also ein ganz asymmetrisches Verhalten, wie es für Fundamentalisten charakteristisch ist. Der deutsche Episkopat bekommt, und zwar durchaus zu Recht, den Eindruck, in Rom werde unter dem Vorwand der Simonieabwehr jede Anschuldigung geglaubt, und zwar besonders dann, wenn dadurch Bischöfe gemaßregelt werden können.

In dem Konflikt zwischen Kaiser und Papst treffen also zwei dämonische Persönlichkeiten aufeinander, der unheimliche Heinrich IV. und der fanatische Gregor VII., der selbst von seinen eigenen Anhängern als »heiliger Satan« charakterisiert wird.

Die Auseinandersetzung entzündet sich an einem Streit eher nebensächlicher Bedeutung und gipfelt zunächst in einem vorwurfsvollen Brief des Papstes vom 8. Dezember 1075. Dieses Schreiben trifft am 1. Januar 1076 in Goslar ein. Es setzt Heinrich in heftige Erregung. Eine Synode in Worms am 24. Januar 1076, auf der u.a. Erzbischof Liemar von Bremen, den Gregor als »Simonisten« suspendiert hat, das Wort führt, erklärt Gregor als Papst für abgesetzt. Ein Manifest macht dies aller Welt kund. Es endet nach vielen Vorwürfen, u.a. der Behauptung, dass Gregor VII. unrechtmäßig Papst geworden sei, mit den Worten: »Ich, Heinrich, durch die Gnade Gottes König, sage dir zusammen mit allen meinen Bischöfen: steige herab, steige herab!«

Tatsächlich verlief Gregors Wahl nicht ganz nach Vorschrift, sondern der Trauergottesdienst für seinen Vorgänger lief aus dem Ruder und ging unversehens in die Wahl des Nachfolgers über, aus der in ganz tumultuarischer Weise Gregor VII. hervorging. So etwas hielt man übrigens im Mittelalter grundsätzlich für möglich: Der Heilige Geist konnte direkt in den Wahlvorgang eingreifen und alle Paragraphen beiseite wischen.

Das Wormser Schreiben trifft am 14. Februar 1076, am ersten Tag der Fastensynode, in Rom ein und wird verlesen. Die Erregung ist groß; die Boten werden misshandelt, der Papst selbst muss sie schützen. Am folgenden Tag antwortet Gregor, indem er Heinrich für exkommuniziert und abgesetzt erklärt und seine Untertanen und Vasallen vom Treueid gegenüber dem König löst.

Die Wirkung dieses Schrittes ist eine ungeheure. Exkommuniziert worden waren Könige schon öfter, aber eine Absetzung hatte noch kein Papst gewagt. Als wie unerhört und einmalig dies empfunden wurde, zittert noch ein Jahrhundert später im Bericht Ottos von Freising nach, der schreibt: »Wieder und wieder lese ich die Geschichte der römischen Könige und Kaiser, aber ich finde (vor Heinrich) keinen einzigen unter ihnen, der vom römischen Papst [...] abgesetzt worden wäre.«

Wir hörten vorhin, dass Heinrich IV. auch in Deutschland durchaus umstritten war. Deshalb muss er jetzt erleben, wie dieselben Bischöfe, die ihn zu seinem forschen Brief an den Papst gedrängt hatten, ihm zusammen mit den weltlichen Fürsten in den Rücken fallen und von ihm verlangen, sich binnen Jahresfrist vom Bann zu lösen, andernfalls sie einen neuen König wählen würden. Mehr noch: sie setzen diese Ankündigung sofort in die Tat um und erheben den Grafen Rudolf von Rheinfelden zum Gegenkönig. Außerdem laden sie den Papst ein, nach Deutschland zu kommen.

Wie reagiert Heinrich IV.? Wieder einmal anders als gedacht. Gregor bricht 1077 nach Norden auf, aber kurz bevor er den Ort erreicht, an dem ihn eine Delegation der deutschen Fürsten abholen soll, vernimmt er die Schreckenskunde, Heinrich habe mit Heeresmacht die Alpen überschritten und ziehe gegen Rom. Gregor sucht sofort auf der quasi uneinnehmbaren Burg Canossa Schutz. Seine Überraschung steigt aber noch, als er erfährt, dass Heinrich nicht in kriegerischer Absicht zu ihm komme, sondern als reuiger Sünder, um die Absolution zu erlangen. Der Papst sträubt sich heftig dagegen, muss dann aber nachgeben und Heinrich lossprechen.

Wer war nun Sieger und wer Besiegter in Canossa? Heinrich hat erfolgreich den Priester in Gregor gegen den Politiker ausgespielt, aber er hat auch die bisherige grundsätzliche Position, dass Kaiser und Papst auf gleicher Ebene stehen, um des taktischen Vorteils willen aufgegeben.

Es folgt die Auseinandersetzung mit dem Gegenkönig in Deutschland, der Heinrich nach drei Jahren in einer Schlacht unterliegt. Bei dieser Schlacht wird Rudolf von Rheinfelden die rechte Hand abgeschlagen; an dieser Verletzung stirbt er. Die rechte Hand: das heißt jene Hand, mit der er einst König Heinrich die Treue geschworen hat! Wenn das kein Gottesurteil war! (Die abgeschlagene rechte Hand ist makabrerweise heute noch in mumifizierter Form im Domschatz von Merseburg vorhanden.) Aber der Papst unterstützt die Gegner Heinrichs IV. nicht so, wie sie es erwarten. Erst drei Jahre nach Canossa ringt er sich 1080 zu einer energischeren Haltung durch, indem er Heinrich zum zweiten Male exkommuniziert.

Die Wirkung ist viel schwächer als beim ersten Mal, und Heinrich reagiert auch ganz anders. Er zieht nach Italien, aber diesmal nicht als reuiger Sünder, sondern an der Spitze seiner Truppen. Außerdem setzt er den Papst erneut ab und lässt an seiner Stelle einen anderen zum Papst wählen, einen der höchs-

»Hoch ragt die Burg Canossa, die Grenze hütend, wo / Der Apennin sich senkt ins flache Land am Po«, so dichtete um 1830 August von Platen. Die Burg galt als uneinnehmbar.

ten Kirchenfürsten Italiens, den Erzbischof Wibert von Ravenna, als Papst Clemens (III.). Das so entstandene Schisma wird bis zum Tode dieses Papstes nicht geheilt. 1082 stehen Heinrich und sein Papst vor Rom, das er aber nicht erobern kann. Im nächsten Jahr versucht er es erneut; wieder vergeblich. 1084 gelingt dann aber die Besetzung der Stadt. Clemens (III.) wird als Papst inthronisiert und erteilt Heinrich die Kaiserkrönung. Gregor ist dagegen in die Engelsburg geflohen. Er steht praktisch allein da, weil auch fast alle Kardinäle auf die Seite des Kaisers übertreten. Gregor ruft schließlich die Normannen aus Süditalien zu Hilfe, die Rom erobern und dabei in das Trümmerfeld verwandeln, das wir heute noch sehen. Dieser Vandalismus macht Gregor so unbeliebt bei den Römern, dass er mit den Normannen die Stadt verlassen muss und bald darauf im Exil stirbt.

Aber auch Heinrich IV. findet kein gutes Ende. 1105 zwingt ihn sein eigener Sohn Heinrich V. zur Abdankung. Am 7. August 1106 stirbt er dann, nach Auffassung der Partei Gregors VII. in der Exkommunikation.

Der Konflikt zwischen Heinrich und Gregor wurde überdies von einer publizistischen Auseinandersetzung begleitet, die selbst heutige Entgleisungen in den Schatten stellt. So lesen wir etwa in der um 1135 geschriebenen Legende des Passauer Bischof Altmann (eines bedingungslosen Anhängers Gregors):

»König war in jener Zeit Heinrich IV. [...], schon als Knabe zu dieser Würde erwählt. Mangelnde Erziehung ließ seine Wollust und Genusssucht erstarken. [...] Kaum hatte er die Schwelle der Jugendzeit überschritten, ließ er sich blindlings von seinen Leidenschaften treiben wie ein Ross oder ein Maulesel, vernachlässigte die Obsorge für das Reich, diente dem Gaumen, frönte der Ausschweifung, verschmähte die königliche Milde, übte Willkür und Gewalt. Die freie Herrin, die Kirche, zwang er wie eine Magd unter das Joch der Knechtschaft. [...] Das allgemeine Jammern und Klagen veranlasste Papst Gregor, einen in Leben und Lehre wahrhaft apostolischen Mann, den genannten Heinrich, der nicht regierte, sondern alles ruinierte [*non regnans, sed ruinans*], zur Verantwortung vorzuladen. Als sich dieser aber zu erscheinen weigerte, belegte er ihn mit dem Kirchenbann. [...] In der Folge wurde Gregor [...] mit Waffengewalt aus Rom verjagt und die Herde Christi von reißenden Wölfen zerstreut. Wikbert, ein Ketzer und höchst unflätiger Mensch, bemächtigte sich des Apostolischen Stuhles, entweihte die hohepriesterliche Würde und wurde zum Schandfleck für das ganze Volk und Reich. Welch ein Verbrechen!«

Benzo von Alba, ein fanatischer Gegner Gregors, schreibt dagegen um 1085:

»Mönche und Weiber zwingen Bischöfe zur Flucht, als ob Herkules sie verfolgte. Mönche, sage ich; aber was für Mönche? Durch Meineid übel beleumundete, durch die Schändung von Nonnen beschmutzte. [...] Als es ihm [Hildebrand] schließlich gefiel, dass der Mann aus Lucca, den er Papst Alexander genannt hatte, verschwinden sollte, ließ er den Leibarzt kommen, damit dieser beim Aderlass die Trennung von Leib und Seele herbeiführe. Und so geschah es. Er selbst läuft unentwegt auf den Plätzen auf und ab und lässt dem Geldverteilen die Zügel schießen. [...] Er wird erhöht, der Dämon wird gekrönt, der Mönch besteigt mit der Tiara das Kapitol. O Schande über alle Schande, o Schmerz größer als der Todesschmerz, dass dieser Frevler, Schänder, Meineidige, Mörder, ja sogar Papstmörder, aussätzig an Körper und Seele, Magier und Ketzer so mit den Edelsteinen des heiligen Petrus geschmückt wird. [...] Bedenke: Wer Sünde tut, ist Knecht der Sünde. Wer das Werk des Teufels tut, ist Knecht des Teufels. Und so wurde diese falsche Mönchskutte zum Vorkämpfer des Teufels. Sein Fluch ist daher nichts, da er selbst verflucht ist und ein Lügner, wie der Vater der Lüge von Anfang an.«

Die Ausbildung zum

# Ritter

## 1. Page

Page (7. bis 14. Lebensjahr), erlernt die *Septem Probitates* (›sieben Tüchtigkeiten‹)

# 2. Edelknecht

Edelknecht (ausgelernter Ritter), bewährt sich im:

Turnier

Krieg

# 3. Ritter

Die Krönung:

Der Ritterschlag

Aber nur wenige Ritter erlangten den förmlichen Ritterschlag, denn er verursachte extrem hohe Kosten. Die meisten blieben ihr Leben lang Edelknecht.

## »Die liebe Reise über See« – Die Kreuzzüge

*Owê, war sint verswunden, alliu mîniu jâr!* –

> »Ach weh, wohin sind alle meine Jahre entschwunden! / Habe ich mein Leben geträumt oder ist es wirklich? / Was ich jemals glaubte, daß es sei, war das etwa nicht? / Demnach habe ich geschlafen und weiß es nicht.«

Mit diesen Worten beginnt die sog. »Elegie« Walthers von der Vogelweide, des bekanntesten deutschen Minnesängers, der zugleich das war, was man heute als »Pressesprecher« der Könige bezeichnen würde. Er war, als er die Elegie etwa 1220/5 verfasste, um die 60 Jahre alt, also nach den Maßstäben der Zeit schon »hochbetagt«.

Am Ende des Gedichts ändert sich der Tonfall: Es gebe einen Ausweg aus der allgemeinen Misere – nicht mehr für ihn selbst, dafür sei er zu alt, aber doch für die nächste Generation –, und zwar sogar für den, der sich zu sehr mit der sündigen Welt eingelassen habe:

> »Wen sie nun verführt haben sollte, der erblicke seine Rettung: / er wird durch geringe Buße von großer Sünde er-

löst. / Daran denkt, Ritter, es ist Eure Sache! / Ihr tragt die hellen Helme und viele harte Panzer, / dazu die festen Schilde und die geweihten Schwerter. / [...] / Könnte ich die heilversprechende Fahrt übers Meer machen, / so wollte ich denn lobsingen und nimmermehr: ach weh!«

Das Gedicht entpuppt sich also als Kreuzzugsaufruf, ohne dass dadurch der emotionale Gehalt der vorangehenden Strophen entwertet würde. Die Germanisten streiten darüber, um welchen Kreuzzug es sich handelt; am ehesten wohl um das Unternehmen Kaiser Friedrichs II.

## Christentum und Islam

Das Gegenüber des christlichen Europas und des islamischen Herrschaftsgebietes beeinflusst maßgebend das gesamte Mittelalter, auch wenn das oft außerhalb unserer Wahrnehmung gerät. Die Situation der Christen ist dabei, grob gesprochen, zuerst defensiv (7.–10. Jahrhundert), dann aggressiv (11.–13. Jahrhundert), dann wieder defensiv (14.–15. Jahrhundert).

Nach dem Tode des Propheten Muhammad wird das islamische Herrschaftsgebiet auf erhebliche Teile des antiken römischen Reiches ausgedehnt: 635 ff. auf Palästina (dabei 638 auf Jerusalem), 639 ff. auf Ägypten, aber 678 scheitert der Versuch, Konstantinopel zu erobern, dann 711 auf Spanien, 827 auf Sizilien, 846 wurde sogar Rom angegriffen und die Peterskirche geplündert, 843–871 regierte in Bari in Süditalien ein arabischer Emir. Aber um die Jahrtausendwende beginnen die Normannen, die Insel Sizilien zu erobern, und 1031 erlischt in Spanien das Kalifat von Córdoba und zerfällt in eine Fülle von

Kleinstaaten, die sog. Taifas, die sich gegen die christliche Rückeroberung, die *reconquista*, nur noch schwer wehren können; 1085 wird prestigeträchtig die alte Hauptstadt Toledo zurückerobert, 1212 ist mit der Schlacht von Las Navas de Tolosa die *reconquista* praktisch abgeschlossen.

## *Deus lo vult!*

Der Anlass für die eigentlichen Kreuzzüge ins Heilige Land ist ein Hilferuf des byzantinischen Kaisers, der am 19. August 1071 eine dramatische Niederlage gegen muslimische Truppen erleidet. Papst Urban II. macht sich diesen Hilferuf zu eigen. Allerdings entwickelt sich die Hilfe ganz anders, als es sich beide, Kaiser und Papst, gedacht hatten. Urban II. hält am 26. November 1095 in Clermont (ca. 50 km westlich von Lyon) unter freiem Himmel eine mitreißende Predigt, in der er zur Hilfe für die Glaubensbrüder im Osten aufruft. Wir wissen nicht genau, was der Papst wirklich gesagt hat. (Es gibt vier Mitschriften der Predigt, von denen aber keine den Anspruch erhebt, wortwörtlich zu sein.) Es scheint aber, dass er – um dem Aufruf mehr Nachdruck zu verleihen und vielleicht vom eigenen rhetorischen Feuer mitgerissen – als Ziel über die Hilfe für die bedrängten griechischen Glaubensbrüder hinaus die Rückeroberung Jerusalems bezeichnete.

Das Echo der Predigt ist überwältigend. Mit dem Ruf *Deus lo vult!* (›Gott will es!‹) verpflichten sich zahlreiche Menschen zum Kreuzzug. Als Aufbruchstermin wird der 15. August 1096 festgelegt; das bedeutet ganz konkret: nach Einbringung der Ernte.

Schauen wir uns die Teilnehmer kurz an. Gedacht ist an die mittlere Schicht des Militäradels, vor allem an die nachgeborenen Söhne der Ritter, die keine Chance haben, in die Lehen ihrer Väter nachzufolgen; ihr Tatendrang kann und soll in sinnvolle Bahnen gelenkt werden. So sagt Urban II.:

»Bislang habt ihr mitunter wahnwitziges gegenseitiges Gemetzel angerichtet, und das allein aus Habgier oder Stolz, wofür ihr den ewigen Untergang und sichere Verdammnis verdient habt. Jetzt schlagen wir euch einen Krieg vor, der in sich das glorreiche Verdienst des Martyriums trägt, von dem ein jetziger und ewiger Ruhmestitel erhalten bleibt. [...] Zieht aus, und Gott wird mit euch sein! Die Waffen, die ihr durch gegenseitige Kämpfe unerlaubt mit Blut getränkt habt, richtet jetzt gegen die Feinde des Glaubens und des christlichen Namens!«

Regierende Fürsten nehmen nicht teil. Der deutsche König bzw. Kaiser Heinrich IV. liegt seit anderthalb Jahrzehnten in Konflikt mit dem Reformpapsttum und ist, zumindest aus Sicht Urbans II., exkommuniziert. Exkommuniziert ist auch Philipp I. von Frankreich, und zwar wegen einer Eheaffäre: Er hat seine Frau mit der Behauptung, sie sei zu fett geworden, verstoßen und lebt mit einer Geliebten zusammen. Dem Papst ist die Abwesenheit der Könige durchaus recht, denn so stellt der Kreuzzug ein kirchliches Unternehmen dar, und der mitziehende päpstliche Legat wächst von selbst in die Rolle eines Schiedsrichters zwischen den gleichgestellten weltlichen Anführern hinein.

Nicht geplant war, dass der Aufruf ein großes Echo auch bei ganz einfachen, ungebildeten und armen Leuten fand. Diese Gruppe will auch nicht bis zum August warten, und so kommt es, dass dem eigentlichen Kreuzzug der Ritter mehrere Züge des Pöbels vorausgehen, die verhängnisvolle Folgen haben. Eine erste Gruppe von Franzosen unter Anführung eines Priesters mit dem sprechenden Namen Walter *Sans-Avoir* (›Habenichts‹) bricht direkt nach Ostern 1196 auf, weitere Züge folgen. Deren Teilnehmer wollen nun den Kampf gegen die Feinde Christi bereits im eigenen Land beginnen; Opfer ihres Eifers sind die Juden. So ist besonders ein Zug unter Anführung eines Grafen Emicho von Leiningen von einer Kette von Pogromen begleitet, so in Speyer, Worms, Köln, Trier, Prag und Regensburg. Man kann vermuten, dass diese ungebildeten Leute den Unterschied zwischen Juden und Muslimen gar nicht kannten und deshalb die Juden für Außenposten des Islams im Abendland hielten. Keine dieser Gruppen gelangte übrigens bis nach Palästina.

Das eigentliche Kreuzheer steht unter Anführung zweier Herzöge und dreier Grafen und gelangt auf dem Landweg die Donau entlang nach Konstantinopel, wo es den Winter 1196/7 verbringt. Es folgen am 16. Juni 1197 die Eroberung von Nizäa (heute İznik) auf der anderen Seite des Bosporus, am 1. Juli 1197 eine siegreiche Schlacht bei Dorylaion (heute Eskişehir) in Kleinasien, am 3. Juni 1198 die Eroberung von Antiochia (heute Antakya) und schließlich am 14./15. Juli 1199 die Erstürmung Jerusalems. Das ganze Unternehmen stockt zwar gelegentlich, aber man darf keine modernen Reisegeschwindigkeiten zugrunde legen. Insgesamt ist der Erfolg aber so unerwartet und so unwahrscheinlich, dass die Zeitgenossen ihn nur auf direkte göttliche Einwirkung zurückführen können, eben *Deus lo vult*. Als *Gesta dei per Francos*, als die ›Taten Gottes durch die Abendländer‹, betitelt Guibert von Nogent seine Chronik der Ereignisse. Ob es sich bei den Kreuzzügen überhaupt um die rechtmäßige Wiedereroberung ehemals christlichen, von den

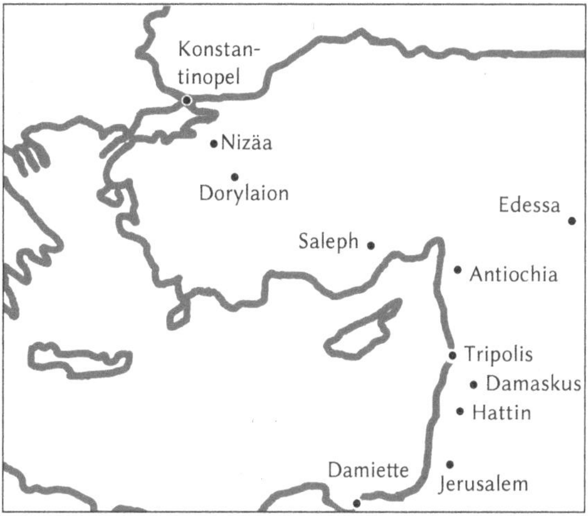


Muslimen rechtswidrig besetzten Gebietes handelte oder um eine christliche Aggression gegen ein gottgewollt islamischer Herrschaft unterstelltes Land, entzieht sich dagegen der Bewertung des Historikers.

## *Outremer*

In den eroberten Gebieten werden mehrere Staaten eingerichtet (Königreich Jerusalem, Fürstentum Antiochia, Grafschaften Tripolis und Edessa), aber es zeigt sich bald, dass diese Staaten aus sich heraus nicht lebensfähig sind. Sie hängen am Tropf des Abendlandes und brauchen ständigen Nachschub aus Europa, an Geld und vor allem an Menschen. Deshalb folgen viele weitere Züge, von denen die wichtigsten als der 2. bis 7. Kreuzzug gezählt werden, obwohl noch wenigstens zwei weitere die Aufnahme in diese Liste verdient hätten. Die Anreise erfolgt jetzt oft per Schiff – das ist also die »liebe Reise über See«, nach der Walther von der Vogelweide sich sehnt –, und das ganze Gebiet liegt aus europäischer Sicht ›jenseits des Meeres‹, *ultra mare* oder französisch *outremer*.

| **Die Kreuzzüge** | | **Anführer** |
|---|---|---|
| 1. | 1096–1099 | Gottfried von Bouillon u. a. |
| 2. | 1147–1149 | Ludwig VII. von Frankreich, Konrad III. (deutscher König) |
| 3. | 1189–1192 | Kaiser Friedrich Barbarossa, Philipp II. von Frankreich, Richard Löwenherz von England |
| | 1196–1198 | geplant: Kaiser Heinrich VI. |
| 4. | 1202–1204 | Enrico Dandolo, Doge von Venedig |
| | 1217–1221 | päpstlicher Legat (über Ägypten) |
| 5. | 1228–1229 | Kaiser Friedrich II. |
| 6. | 1248–1254 | Ludwig IX. von Frankreich (über Ägypten) |
| 7. | 1270 | Ludwig IX. von Frankreich |

Diese weiteren Kreuzzüge sind militärisch und politisch durchweg wenig erfolgreich, manche sogar manifeste Blamagen. An einigen nehmen jetzt auch europäische Könige teil, und diesen gelingt es mühelos, ihre heimischen Streitigkeiten mit ins Heilige Land zu transportieren und den islamischen Gegnern auf offener Bühne vorzuführen. Der Kreuzzugseifer der Christen lässt schnell nach und muss oft mühsam wieder angefacht werden, zum Beispiel durch ein Kreuzzugslied … Manchmal kommt auch Pech dazu, etwa »als Kaiser Rotbart lobesam ins Heil'ge Land gezogen kam«: Friedrich Barbarossa ertrinkt auf dem 3. Kreuzzug, als er Palästina schon vor Augen hat, im Saleph; damit fällt die Führung des Zuges an den französischen König Philipp II. und den englischen König Richard Löwenherz, die wie Feuer und Wasser zusammenpassen und kaum etwas erreichen. Ein generelles Problem ist die Zusammenarbeit der abendländischen Kreuzfahrer mit den Herrschern im Lande selbst, etwa dem König von Jerusalem: Sie wissen es nämlich immer besser als die Fachleute vor Ort, mit teils fatalen Folgen.

Auf dem 3. Kreuzzug ereignet sich ein Vorfall, der in anderer Weise Weltgeschichte gemacht und es indirekt bis in zahlreiche Historienfilme geschafft hat. Als erste (und einzige) Leistung ist die Wiedereroberung Akkons zu vermelden, das in die Hände des berühmten Sultans Saladin gefallen war. Als sie 1191 gelingt, pflanzen die Könige von Frankreich und England ihre Standarten auf der Stadtmauer auf, als Zeichen des Sieges. Auch der Herzog von Österreich, der nach dem Tode Barbarossas das deutsche Kontingent anführt, tut dies, aber Richard Löwenherz lässt die Fahne herunterreißen. Wir wissen nicht, was er sich dabei gedacht hat und ob er sich überhaupt etwas dabei gedacht hat – oder nicht. Aber selten hat die Geschichte eine unbedachte Handlung so streng bestraft wie diese. Der Österreicher reist natürlich sofort im Zorn ab, und auch Richard muss im Herbst 1192 nach Hause zurückkehren, weil sein Bruder Johann Ohneland dort offenkundig die Krone usurpieren will.

Weil die Jahreszeit schon zu weit fortgeschritten ist, kommt eine Fahrt über das ganze Mittelmeer und durch die Straße von Gibraltar nicht mehr in Frage (abgesehen davon, dass Richard auf einem Schiff zuverlässig seekrank wurde). Deshalb fährt er nur bis zur Nordspitze der Adria und versucht, sich auf dem Landweg als Kaufmann verkleidet ins Gebiet seiner welfischen Freunde in Norddeutschland durchzuschlagen. Die Verkleidung gelingt aber nicht überzeugend genug – vor allem ist er wohl zu großzügig mit dem Geld umgegangen –, und so kommt es, dass er ausgerechnet in der Nähe von Wien erkannt und verhaftet wird. Das ist nun das Schlimmste, was ihm passieren kann, denn welche Empfindungen der Herzog von Österreich ihm gegenüber hegt, haben wir ja bereits gehört. Der Herzog verkauft ihn an Kaiser Heinrich VI., der ein gigantisches Lösegeld von ihm erpresst. Richard hatte aber nach wie vor Anhänger in England selbst, nicht nur seine Mutter Eleonore, sondern auch im einfachen Volk. Am bekanntesten ist jener Outlaw Robin Hood, der den bösen Sheriff von Nottingham, der sich auf die Seite Johanns geschlagen hat, bekämpft und an der Nase herumführt. In den Robin-Hood-Filmen erscheint gewöhnlich in der letzten Szene der frisch freigelassene König Richard und begnadigt Robin und seine Leute. Die Geschichte um Robin Hood ist zwar Legende, aber sie zeigt, dass Johann Ohnelands Ursurpationsversuch auf Widerstand stieß. Als er König wurde, musste er etwa die Magna Charta gewähren, die dem Adel größeren politischen Einfluss zusicherte.

## Wider die Türken

1291 kommt das Ende der Kreuzfahrerstaaten im Heiligen Land mit der Eroberung des letzten christlichen Stützpunkts. Die Legende erzählt, dass sich in der Nacht vom 9. auf den 10. Mai dieses Jahres das Haus der Heiligen Familie in Nazareth in die Lüfte erhob und über Dalmatien und Recanati nach Loreto flog, wo es heute noch Zentrum einer Marienwallfahrt ist. Die Aussage ist klar: Wenn selbst die Gebäude das Land verlassen, ist endgültig Schluss. Nunmehr kehrt sich das Paradigma um: Es geht nicht mehr um die Rückeroberung früher christlichen Gebietes im Orient, sondern um die Abwehr der osmanischen Expansion nach Europa. Von Kleinasien setzen diese nach Europa über und errichten in Gallipoli einen ersten Stützpunkt. Das spätbyzantinische Reich kann ihnen nichts mehr entgegensetzen und zerbröselt.

1369 ist der Balkan schon so weit erobert, dass der Sultan seinen Regierungssitz von Bursa in Kleinasien nach Adrianopel (türkisch: Edirne) auf dem Balkan verlegen kann, und dieses Edirne liegt bereits westlich von Konstantinopel, das zu einer Insel im osmanischen Meer wird. 1389 kommt es zur Schlacht auf dem Kosovo Polje, dem Amselfeld, in dem die christlichen

Serben unterliegen. Die politischen Auswirkungen reichen bis in unsere Gegenwart hinein, denn die Serben wandern in der Folge nach Norden ab. In das freigewordene Gebiet rücken bereits islamisierte Albaner nach, aber dass es sich um das frühere serbische Kerngebiet handelt, ist bis heute unvergessen. Der Schock bewirkt einen christlichen Gegenangriff, der aber 1396 in einer Niederlage bei Nikopoli scheitert.

Nun wacht der Westen auf. Einer wirksamen militärischen Hilfe für das byzantinische Reich steht aber ein religiöses Problem entgegen: Seit im Jahre 1054 die kirchliche Einheit zwischen Rom und Konstantinopel zerbrochen ist (sog. Morgenländisches Schisma), gelten die Griechen als Ketzer; ihre Rückkehr in den Schoß der päpstlichen Kirche gilt als Voraussetzung für die Hilfe. Eugen IV. beruft 1438 ein Konzil nach Florenz ein, zu dem der byzantinische Kaiser und seine Bischöfe anreisen und auf dem auch eine Einigung in den theologischen und juristischen Fragen erzielt wird. 1439 wird die Union verkündet.

Aber es ist bereits zu spät. Ein westlicher Kriegszug scheitert in der Schlacht bei Varna 1444. Am 29. Mai 1453 erobert Mehmed II. schließlich Konstantinopel, aus dem somit Istanbul wird. In der Neuzeit geht die türkische Expansion weiter: 1526 fällt ihnen fast ganz Ungarn zu. Ein Versuch Wien zu erobern bleibt aber 1529 erfolglos. Erst als 1683 der zweite Versuch der Eroberung Wiens scheitert, kehrt sich die Entwicklung wieder um.

## Zwischen Völlerei und Hunger

Wer heute an einem »Rittermahl« teilnimmt, sollte vorher seine Körperwaage an einem unzugänglichen Ort deponieren, denn sie wird ihm am Folgetag eine unerfreuliche Mitteilung machen. Das kann im Mittelalter auch passieren, wenn man denn die Chance hat, an einem Festmahl teilzunehmen. Normal ist das aber nicht. Vielmehr ist man stets von der Gefahr des Hungers bedroht. Es gibt Legenden, wie im Kloster die Lebensmittel ausgegangen sind und dann im allerletzten Augenblick ein Wunder geschieht und neue Nahrung ankommt. Das ist aber eben Legende, und etliche kleine Klöster, von denen niemand berichtet, dürften buchstäblich verhungert sein. Vor allem vom 14. Jahrhundert an, als sich das Klima deutlich verschlechtert (»kleine Eiszeit«), ist die Ernährungslage prekär. Aus allen Teilen Europas und des Vorderen Orients gibt es Berichte über Hunger-Kannibalismus. Auf diese durch Hunger und Krankheiten bereits geschwächte Bevölkerung trifft dann mit voller Wucht die Pest des Schwarzen Todes.

Ist es da verwunderlich, dass man, wenn man genug zu essen hat, sich diesem Vergnügen ungehemmt hingibt? Die Mengen, die da genannt werden, vor allem die Mengen an alkoholischen Getränken, sind schwer nachzuvollziehen; freilich wissen wir oft nicht, auf wie viele Personen sie sich jeweils beziehen. Im Übrigen gilt dick zu sein als ein Zeichen von Reichtum und auch sonst einer gehobenen Stellung; nicht von ungefähr regierten in Frankreich Karl III. der Dicke († 888, wahrscheinlich an einem Schlaganfall) und Ludwig VI. der Dicke († 1137). Auch Luthers Landesherr Kurfürst Friedrich der Weise ist für seine Körperfülle bekannt. König Sancho I. von León, zubenannt *El Craso*, ist schließlich so dick, dass er nicht mehr aufs Pferd steigen kann. Er wird 958 abgesetzt, kann aber nach Córdoba fliehen; dort wird er einer Kur unterzogen, die es ihm 960 erlaubt, zurückzukehren und seinen Thron wieder einzunehmen.

Von alledem kann das einfache Volk nur träumen. Abgesehen von den Mengen: Was aß man überhaupt im Mittelalter? Wir müssen alles weglassen, was vom 16. Jahrhundert an aus der Neuen Welt nach Europa kam, wie Kartoffeln, Paprika, Tomaten, Mais, Tabak und Truthähne. An pflanzlicher Nahrung gibt es vor allem Getreide (Weizen, Einkorn, Emmer, Dinkel, Gerste, Hafer, in Deutschland auch Roggen), ferner Reis und Buchweizen. Für das allerfeinste Weizenmehl gibt es übrigens den lateinischen Ausdruck *simile*; davon kommt das deutsche Wort ›Semmel‹; eine ›Roggensemmel‹ ist also ein Widerspruch in sich selbst. Dazu kommen Bohnen, Erbsen, Kichererbsen (lateinisch *cicer*, daher der antike Beiname ›Cicero‹), Salat, Lauch, Rettiche, Möhren, Zwiebeln, Kürbisse, Gurken, Fenchel, Spinat und Mangold, ferner jegliche Art von Obst. Das Gemüse wird, wie sein Name heute noch sagt, meist zu Mus verkocht. Überhaupt wird im Mittelalter alles lange gekocht und gebraten, sodass die Zerstörung der Vitamine zuverlässig gewährleistet ist.

Aus dem Bereich der Fauna isst man Rind, Lamm, Ziege, Hase, aber auch Meerschweinchen und Murmeltiere, vor allem aber Schweine, seltener wohl Pferde. Erwünscht ist ein möglichst fettes Fleisch. Die Schweine werden in den Wald getrieben, wo sie Eicheln und Bucheckern fressen. Die mittelalterlichen Schweine sahen etwas anders aus als die heutigen, etwas urtümlicher im Körperbau, das Fleisch etwas dunkler: Das ist leicht erklärlich, denn im Wald kam es immer wieder einmal zu einem Fehltritt mit einem echten Wildschwein. Dazu kommen vor allem als Fastenspeise die Fische, wobei der im Wasser lebende Biber ebenfalls als Fisch gilt.

Außerdem wird selbstverständlich Geflügel gegessen, so Hühner, Enten und Gänse, die zusätzlich noch Eier, Daunen und Schreibfedern liefern, ferner Fasanen, Pfauen, Schwäne, Reiher, Kraniche, Tauben und Singvögel. Letztere werden mit Leimruten gefangen; daher heute noch unser Sprichwort »jemandem auf den Leim gehen«.

Der Adel hat außerdem Zugang zum jagdbaren Wild, also Hirsch, Reh, Wildschwein, Auerochse, Bär usw. Die Jagd wird im Hochmittelalter zu einer ausgeklügelten ritterlichen Kunst verfeinert. In Gottfrieds von Straßburg Versroman *Tristan und Isolde* (um 1210) kann der Titelheld seine ritterliche Herkunft dadurch beweisen, dass er die Jagdregeln perfekt beherrscht. Im Spätmittelalter tritt aber für die »armen Ritter«, die frierend und hungernd auf ihren Burgen hocken, wieder die schiere Nahrungsbeschaffung in den Vordergrund.

Wie aber war das Verhältnis von pflanzlicher und tierischer Nahrung? Im frühen Mittelalter steht eindeutig der Fleischkonsum an erster Stelle, und zwar in allen Schichten der Bevölkerung. Als sich etwa vom 11. Jahrhundert an das Klima verbessert und die Anbauflächen ausgeweitet werden, was eine

**Das Festmahl des Papstes**

Beim Krönungsmahl Innozenz' VI. am 30. Dezember 1352 in Avignon, bei dem freilich die halbe Stadt mitaß, wurden verzehrt:

2000 Weißbrote, 52 588 Semmeln, 325 Lämmer, 100 Ziegen, 4 Kraniche, 18 Hasen, 4 Füchse, 2 Hirsche, 131 Kapaune, etliche Zentner Fisch, 1 Schwan (der wohl dem Papst selbst serviert wurde), 6000 Äpfel, 1500 Birnen, 150 Hammel, 216 Pfund Gewürze, 9000 Zwiebeln, 7800 Eier, 5 Zentner Blutwurst, 17 Zentner Wildpastete, 24 Zentner Pökelfleisch, 1432 Perlhühner, 1560 Kaninchen, 2400 Hühner, 16 Schweine, 26 Kälber und 25 Rinder.

starke Bevölkerungszunahme ermöglicht, ändert sich das. Das Fleisch wird zur Sonntags- und Herrenspeise; an Werktagen und in der Fastenzeit ist die Nahrung pflanzlich. In den Klöstern ist der Genuss vierbeiniger Tiere verpönt; es wird also nur Geflügel gegessen. Konsequente Vegetarier sind die Zisterzienser, denen Papst Honorius III. 1218 in einer eigenen Urkunde bestätigt, dass auch hochgestellte Gäste wie etwa päpstliche Legaten von ihnen keine fleischliche Nahrung verlangen dürfen.

Wenn es aber etwas zu feiern gibt und genügend Nahrung vorhanden ist, biegen sich die Tische, und es gilt geradezu als unanständig, dann nicht herzhaft zuzugreifen und nicht nach dem Essen durch Rülpsen und Furzen sein Wohlgefallen auszudrücken. Ein mittelalterliches Benimmbuch, eine »Tischzucht«, empfiehlt, beim Betreten des Speisesaales den Gürtel zu lockern.

Und wie sah es mit den Getränken und den Gewürzen aus? Wer nur Wasser zum Trinken hat, ist arm dran. Und zwar schon allein aus hygienischen Gründen, denn nicht überall und jederzeit steht klares Quellwasser zur Verfügung. Das gewöhnliche Getränk ist daher der Wein, nicht selten mit Wasser gemischt, das dadurch desinfiziert wird. Wir wissen allerdings nicht, wie der mittelalterliche Wein wirklich geschmeckt hat, denn 1863 wurde der traditionelle Weinanbau in Europa durch die aus Amerika eingeschleppte Reblaus vernichtet. Übermäßig süß war er wohl nicht; ein Sprichwort sagt: »Glückliches Bayern, wo der Essig, den man anderswo mühsam herstellen muss, gleich auf der Rebe wächst!« Und weil der Wein so häufig getrunken wird, wird er von den Städten auch saftig besteuert. Der Nürnberger Steuertarif von 1386 unterscheidet für dieses »Ungeld« vier Steuerklassen: 1. Franken, Neckar, Tauber und Bergstraße; 2. Elsass; 3. Italien, Reinfäller und Veltliner; 4. Rumänien, Malvasier, Griechenland und Muskateller. Dabei steigt die Steuer von 2 fl. pro Fuder bis auf 8 fl. Das Bier ist dagegen ein Festgetränk, das beispielsweise aus Einbeck am Harz nach Bayern importiert wird; dabei wurde ›Beck‹ über ›Böck‹ zu ›Bock‹.

Wie wird gewürzt? Gewöhnlich wohl gar nicht, so dass alles ziemlich fade geschmeckt haben muss, zumindest für die heutigen, überwürzte Speisen gewöhnten Gaumen. Wer es sich leisten kann, verwendet Pfeffer – und macht damit die »Pfeffersäcke« fett und reich – oder andere exotische Gewürze, von denen 99 % der Bevölkerung nur träumen können. Gesüßt wird vor allem mit Honig, nur selten mit Zucker, der ebenfalls importiert werden muss und entsprechend teuer ist (noch im

19. Jahrhundert gab es verschließbare Zuckerdosen, zu denen nur die Hausherrin den Schlüssel hatte).

**Rezept für eine süße Luxusspeise, den *Blamenser* (von französisch *blanc manger*, weißes Essen)**

Aus (Ziegen)milch, Mandeln, Reis, Hühnerbrust, Schmalz und Zucker sowie Veilchen zur Verzierung:

*Wie man sol machen einen blamenser: Man sol nemen zigeninmilich, vnde mache mandels ein halp phunt, einen vierdunc ryses sol man stözzen zů mele, vnde tů daz in die milich kalt, vnde nim eines hůnes brust die sol man zeisen, vnde sol die hacken dorin, vnde ein rein smaltz sol man dor in tůn, vnde sol ez dor inne sieden, vnde gibs im genůc, vnde nime ez denne wider, vnde nim gestözzen violn, vnde wirfe den dorin, vnde einen vierdunc zuckers.*

## »Unter der Linde ...« – Liebe und Ehe

*Under der linden*
*an der heide,*
*dâ unser zweier bette was,*
*dâ mugent ir vinden*
*schône beide*
*gebrochen bluomen unde gras.* [...]

»Unter der Linde / auf der Heide, / wo unser beider Bett war, / da könnt Ihr finden / sorgfältig beides / niedergedrückt: Blumen und Gras. / Vor dem Wald in einem Tal, / tandaradei, / sang schön die Nachtigall.«

Bei kaum einem Mittelalterevent entkommt man diesem Lied Walthers von der Vogelweide. Aber die wenigsten Zuhörer realisieren, worum es hier eigentlich geht: Die gebrochenen Blumen bezeichnen die Jungfernschaft der Sprecherin. Und wer das nicht glaubt, wird spätestens in der vierten Strophe belehrt:

»Dass er bei mir lag – / wüsste es jemand – / (das nun wolle Gott nicht!), dann schämte ich mich. / Was er mit mir machte – / niemals möge jemand / das erfahren, nur er und ich / und ein kleines Vöglein, / tandaradei, / das wird wohl verschwiegen sein.«

Liebe, Sexualität und Ehe stehen in einem schwierigen Verhältnis zueinander, und zwar im Mittelalter noch mehr als heute, und das gilt auch für das Verhältnis der Geschlechter zueinander. Zunächst einmal ganz banal: Die mittelalterliche Ehe ist keine Liebesgemeinschaft, sondern ein Zweckbündnis aus wirtschaftlichen Gründen und zur Fortpflanzung. Eine hohe Geburtenrate ist erwünscht, und zwar schon allein deshalb, weil die Kindersterblichkeit extrem hoch ist (das ändert sich erst im 18. Jahrhundert). Ein eindrückliches Beispiel dafür bietet die Ehe des französischen Königs Karl VI.; aus ihr gingen zwölf Kinder hervor:

| | † im Alter von |
|---|---|
| Charles (26.9.1386–28.12.1386) | 3 Monaten |
| Jeanne (14.6.1388–1390) | 1 ½ Jahren |
| Jeanne (24.1.1391–27.9.1433) | 42 Jahren |
| Charles (6.2.1392–13.1.1401) | 9 Jahren |
| Marie (24.8.1393–19.8.1438) | 45 Jahren |
| Michèle (11.1.1395–8.7.1422) | 27 Jahren |
| Louis (22.1.1396–18.12.1415) | 19 Jahren |
| Jean (1.8.1398–4.4.1417) | 19 Jahren |
| Catherine (27.10.1401–3.1.1437) | 36 Jahren |
| Charles (22.2.1403–21.7.1461) = König Karl VII. | 58 Jahren |
| Philippe (10.11.1407–10.11.1407) | 1 Tag |
| Isabelle (9.11.1409–13.9.1437) | 28 Jahren |

Gleich das erste Kind stirbt also nach drei Monaten, das zweite nach anderthalb Jahren, weitere vier Kinder noch vor dem 20. Lebensjahr. Bemerkenswert ist auch, dass erst das fünfte männliche Kind den Vater, der 1422 stirbt, überlebt und sein Nachfolger werden kann.

Entsprechend sind es auch nicht die Eheleute, die einander wählen, sondern die Eltern arrangieren die Verbindung. Nicht selten sahen sich die Brautleute bei der Eheschließung zum ersten Mal von Angesicht. Es gibt die schöne Geschichte von der englischen Braut, die, als sie bei der Hochzeitszeremonie vom Pfarrer gefragt wurde, ob sie denn nun den hier Anwesenden usw. heiraten wolle, zur Antwort gab: »Oh, Sir, Sie sind der erste, der mich das fragt!« Wie die Eheleute dann miteinander auskamen, war eine andere Geschichte. Gleichwohl sind etliche Beispiele überliefert, wie die Liebe, die am Anfang noch gar nicht bestehen konnte, sich während der Ehe entwickelte und dann bis zum Lebensende unverbrüchlich wurde. Freilich gibt es auch Gegenbeispiele. So ein Spruch aus dem 11. Jahrhundert: *Sunt tria dampna domus: imber, mala femina, fumus* (›Es gibt drei Übel im Haus: den Regen [bei undichtem Dach], den Rauch [vom Herdfeuer] und eine böse Frau‹).

Bereits regierende Fürsten sind da besser dran, denn sie können sich vor ihrer Entscheidung wenigstens Bilder der potentiellen Bräute vorlegen lassen. Wie realistisch diese waren, ist eine andere Frage, aber das gilt für alle Porträts von Adligen bis ins 19. Jahrhundert (= bis zur Erfindung der Fotografie). Kaiser Ludwig der Fromme veranstaltete 822 ein förmliches Casting mit 17 Bewerberinnen. 17 Kandidatinnen bedeutete aber auch: 16 Enttäuschungen der nicht zum Zuge gekommenen Damen und damit 16 Todfeindinnen der erwählten Braut, der Welfin Judith, die deshalb der Zeitgenosse Erzbischof Agobard von Lyon als »die Wurzel allen Übels« diffamiert.

## »Was Gott verbunden hat …«

Die Ehe ist ein Sakrament, unterliegt also der kirchlichen Gesetzgebung, und sie ist bedingungslos unauflöslich. Dabei werden die Auffassungen im Laufe der Zeit immer strenger, und die laxen germanischen Vorstellungen – ein Merowinger konnte seine Frau noch leicht in die Wüste schicken – werden durch strikte Regeln abgelöst. Dabei wandelt sich auch die Auffassung von der Ehe: Ursprünglich mehr ein Vertrag zwischen den Familien der Ehepartner, wurde sie immer mehr eine Beziehung der beiden Personen, die durch ihren Willensakt zustande kam.

Es wird also im Laufe der Zeit immer schwieriger, aus einer ungeliebten Ehe wieder hinauszukommen, wie vor allem die Männer oft schmerzhaft erfahren müssen – sofern sich das Problem nicht durch einen plötzlichen Todesfall des Ehepartners von selbst erledigt. Es gibt eine Reihe von aufsehenerregenden Eheskandalen im Mittelalter, bei denen die Männer ihre Frauen zu verstoßen versuchen. In diesen Fällen finden die Ehefrauen tatkräftige Hilfe bei der Kirche; Königinnen können sich dann auf das energische und in aller Regel erfolgreiche Eingreifen des Papstes verlassen, d. h. der König wird dazu gezwungen, seine Konkubine, die er heiraten will, zu entlassen und die rechtmäßige Ehe wieder aufzunehmen. Das passiert etwa König Robert I. von Frankreich, Philipp I. von Frankreich, Philipp II. von Frankreich (der seine Frau Ingeborg mit dem Argument ablehnt, ihr bloßer Anblick hindere ihn am Geschlechtsakt ...), Heinrich IV. von Deutschland und auch Heinrich (VII.), dem unglücklichen Sohn Kaiser Friedrichs II.

Ein wichtiges »Ehehindernis«, das also die Heirat unerlaubt und die schon erfolgte Heirat ungültig macht, ist eine zu nahe Verwandtschaft des Paares. Ursprünglich macht selbst ein gemeinsamer Vorfahr in der siebten Generation die Ehe unerlaubt. Aber das nahm man nicht so ernst, denn sonst hätte praktisch kein Adliger des Frühmittelalters eine standesgemäße Braut gefunden. Umgekehrt kann man aber, wenn man eine nicht mehr erwünschte Ehe auflösen will, die Liste der Vorfahren durchforschen und trifft dann mit hoher Wahrscheinlichkeit auf den erwünschten gemeinsamen Ahnen. So verfährt beispielsweise Friedrich Barbarossa, der als junger Mann eine Grafentochter geheiratet hat, weil deren Mitgift das staufische Hausgut vorteilhaft abrundete. Dann aber winkt, als er 1155 Kaiser geworden ist, die Ehe mit der Königstochter Beatrix von Burgund. Tatsächlich findet man in der 5. Generation einen gemeinsamen Vorfahren, welcher die erste Ehe ungültig macht. (Die Historiker sind Barbarossa übrigens dankbar, denn so können wir die Familiengeschichte der Staufer bis in eine Zeit rekonstruieren, in der sie noch in keiner geschriebenen Quelle auftauchen.)

Das 4. Laterankonzil beschränkt dann 1215 die Verbotszone auf vier Generationen, und das wird nun ernster genommen. Dieses Konzil stand unter der Ägide Papst Innozenz' III., für den Fragen des Eherechts eine Art Hobby waren. Allerdings kann seitdem der Papst Dispens bei zu naher Verwandtschaft erteilen, bis hinunter zur Ehe zwischen Onkel und Nichte bzw. Tante und Neffe – oder den Dispens aus politischen Gründen auch verweigern. Rekordmeister bei diesen Ehedispensen waren bekanntlich die Habsburger.

Und was ist mit der Liebe und mit den Kindern, die außerhalb einer Ehe geboren wurden (man nannte sie bis ins 19. Jahrhundert »natürliche« Kinder oder brutal Bastarde)? Nicht ehelich Geborene unterliegen vielerlei rechtlichen Nachteilen: Sie sind oft nicht erbberechtigt, und sie dürfen in den Städten kein Handwerk ausüben. Deshalb versucht man oft, diesen Umstand zu verschleiern, etwa indem das Liebespaar schnell noch heiratet, wenn die Folgen der Liebe bei der Frau sichtbar werden (sogar im Falle einer Vergewaltigung), oder man gibt das uneheliche Kind der Tochter als verspäteten Nachkömmling der Eltern aus.

Eine interessante Quelle für das Schicksal der Unehelichen sind die päpstlichen Dispense für die Priesterweihe. Das Konzil von Vienne bestimmt 1312, dass unehelich geborene Männer nicht die Priesterweihe empfangen dürfen, es sei denn, der Papst erteilt eine Ausnahmegenehmigung. Diese Dispense sind zu Zehntausenden in den päpstlichen Akten überliefert. Dabei wird immer ganz genau der Stand der Eltern angegeben. Für die Mutter kommt in Frage: *soluta* (›ledig‹), *coniugata* (›verheiratet‹) und *monialis* (›Nonne‹). Für den Vater ist das Spektrum breiter; es gibt ebenfalls *solutus* (›ledig‹) und *coniugatus* (›verheiratet‹), dann aber *clericus* (›Kleriker‹), *monachus* (›Mönch‹), *presbiter* (›Priester‹) und sogar *episcopus* (›Bischof‹).

Das Problem ist auch deshalb brisant, weil das 2. Laterankonzil 1139 den Priestern die Ehelosigkeit vorschreibt (also den »Zölibat«), und zwar, »weil diese ein Tempel Gottes, ein Gefäß des Herrn, ein Heiligtum des Heiligen Geistes sein und genannt werden sollen, ist es unwürdig, dass sie dem Lotterbett und den Unreinheiten dienen«. An der Praxis ändert das wenig, außer dass die bisherigen Ehefrauen der Priester (und Bischöfe) jetzt rechtlich gesehen Konkubinen und ihre Kinder unehelich sind; erst nach dem Konzil von Trient im 16. Jahrhundert wird der Zölibat strenger durchgesetzt.

### Die »Sünde wider die Natur« und der Wert der Keuschheit

Über gleichgeschlechtliche Beziehungen wird im Mittelalter selten berichtet. Sie gelten als abwegiges Verhalten, als »Sünde wider die Natur«, das strafbar ist (übrigens in Deutschland noch bis ins spätere 20. Jahrhundert) und auch als typische Gewohnheit der Häretiker gilt; »Homosexueller« und »Ketzer« sind geradezu austauschbare Wörter. Dahinter mag stehen, dass solche Verhältnisse in der heidnischen Antike weitverbreitet waren.

Was insoweit in den Klöstern abging, bleibt uns verborgen. Aber folgende Vorschrift für die cluniazensischen Abteien mag uns zu denken geben: Wenn ein Klosterschüler nachts austreten will, muss er den Lehrer wecken, der eine Lampe anzünden und ihn *ad secretiora* führen soll; der Lehrer darf dies aber nicht allein tun, sondern er muss einen weiteren Schüler wecken, der beide begleitet, und die Lampe darf erst wieder gelöscht werden, wenn alle drei wieder im Schlafsaal angelangt sind.

Auf der anderen Seite hatte man damals eine merkwürdige Verehrung für alle, die generell ihre Unberührtheit bewahrten. Die Heiligenlegenden sind voll von Frauen, die das Martyrium vorziehen (oder durch ein Wunder gerettet werden). Aber es gibt auch Beispiele für Männer. So berichtet Hroswitha von Gandersheim (935–1002) von dem schönen Jüngling Pelayo aus Córdoba, in den sich der dortige Kalif verliebt; aber er reagiert auf dessen zärtliche Annährungsversuche mit einer schallenden Ohrfeige und wird dann natürlich getötet.

## Hohe und niedere Minne

Aber seien wir ehrlich: Wenn wir an Sexualität und Liebe im Mittelalter denken, kommen uns nicht zuerst Fragen des Eherechtes und des Zölibates in den Sinn, sondern wir denken an den Minnedienst. Der Ritter tritt in den Dienst einer Herrin, die er verehrt und deren Neigung er zu gewinnen sucht, indem er sich auf *âventiure* bewährt und Aufgaben erfüllt, die sie ihm stellt. Beim Turnier trägt er ihre Farben, und wehe, wenn jemand sie zu beleidigen wagt! Allerdings steht sie stets so hoch über ihm, dass er ihre Ansprüche nie wirklich erfüllen kann; aber ihre Anleitung führt zu seiner sittlichen Vervollkommnung, durch ihre Verehrung wird er erst aus einem bloßen Kraftprotz und Raufbold zu einem richtigen Ritter.

Eine offen sexuelle Komponente hat der Minnedienst also nicht. Vor allem ist die Dame, der der Ritter seinen Dienst weiht, stets eine verheiratete Dame. Aber machen wir uns nichts vor: Die Wirklichkeit war nicht so hochmoralisch, und der Minnedienst dürfte mehr als einmal in der körperlichen Erfüllung den beiderseits erwünschten Höhepunkt gefunden haben. Und dann zeigt sich, worum es sich eben auch immer handelt: um Ehebruch. Die Kulturwissenschaftler haben deshalb neben der »hohen Minne« auch den Begriff der »niederen Minne« erfunden. Bei Walther von der Vogelweide findet man beispielsweise Texte zu beiden Varianten, und Gottfrieds von Straßburg Ritterroman *Tristan und Isolde* ist im Grunde genommen eine einzige Ehebruchsgeschichte (mehr dazu im Kapitel zur mittelalterlichen Dichtung).

Auch sonst hielten sich Liebe und Zuneigung nicht an diese strengen Schranken, weder an den pompösen Minnedienst noch auch nur an die Grenzen der Ehe. Und lernte man nicht sogar im Lateinunterricht als Übungsbeispiel den Satz Vergils: *Omnia vincit amor, nos et cedamus amori* (›Alles besiegt die Liebe, und auch wir wollen uns der Liebe beugen‹)? Deshalb schließe ich diesen Abschnitt mit dem schönsten und zugleich kürzesten Liebesgedicht ab, das je in deutscher Sprache verfasst wurde (aus Tegernsee, 1180).

*Dû bist mîn, ich bin dîn,*
*des solt dû gewis sîn.*
*dû bist beslozzen*
*in mînem herzen.*
*verlorn ist daz sluzzelîn:*
*dû muost ouch immêr darinne sîn.*

(›Du bist mein, und ich bin dein. / Dessen sollst du gewiss sein. / Du bist eingeschlossen in meinem Herzen. / Der Schlüssel ist verloren gegangen. / Deshalb musst du auf alle Zeit drinnen bleiben.‹)

## *Volo studere, pie magister!* – Schule im Mittelalter

In meiner Jugend war es üblich, dass die Tanten ihre 5-jährigen Nichten und Neffen fragten: »Na, freust du dich schon auf die Schule?« Im Mittelalter gab es diese Frage nicht, denn nur ein sehr kleiner Teil der Bevölkerung ging überhaupt in eine Schule. Die Landbevölkerung fiel ganz aus, und auch von den Adligen wurden keineswegs alle Kinder in dieser Weise ausgebildet, wobei die Mädchen eine größere Chance hatten als die Jungen, die doch eher Ritter werden sollten. Grundkenntnisse im Lesen und Schreiben waren aber durchaus erwünscht; ein Sprichwort sagte: *Rex illitteratus quasi asinus coronatus* (›Ein König, der nicht lesen kann, ist wie ein gekrönter Esel‹). Eine künftige kirchliche Karriere begann natürlich immer mit dem Besuch der Klosterschule.

Aber theoretische Überlegungen helfen nicht weiter. Schauen wir uns stattdessen an, wie es um die Lese- und Schreibfähigkeit der deutschen Könige bestellt war. Die Merowingerkönige konnten alle lesen und schreiben; sie waren zwar barbarisch und wild, aber (in antiker Tradition) gebildet. Pippin, der erste Karolinger, war Analphabet; deshalb konnte er seine Urkunden nicht unterschreiben, wie das bislang üblich war, sondern setzte nur ein Kreuz. Von Karl dem Großen berichtet Einhard (770–840), er habe im Alter versucht, »seine Hand an das Formen der Buchstaben zu gewöhnen«, aber mit geringem Erfolg: »Was Karlchen nicht lernt, lernt Karl nimmermehr.« Aber dabei ging es, was meist übersehen wird, um die schönen neuen Buchstaben der »karolingischen Minuskel«, also um Kalligraphie, nicht um das Lesen und Schreiben überhaupt. Und deshalb beweist Karls berühmtes Monogramm auch nicht, dass er Analphabet gewesen sei; es ist ein vorwiegend religiöses Zeichen, nämlich ein ausgestaltetes Kreuz, das sich auch auf seinen Münzen findet.

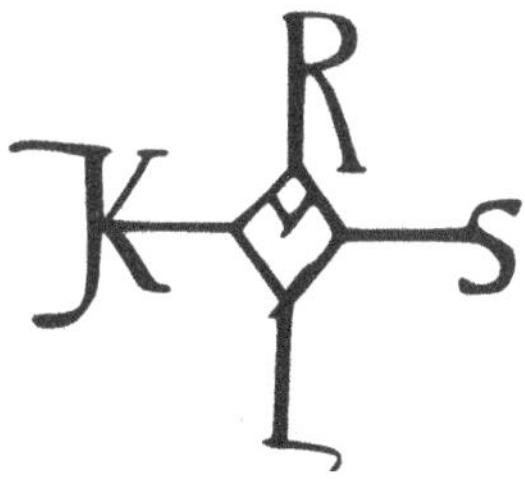


Monogramm
Karls des Großen

Auch die späteren Könige konnten lesen und schreiben. Für Otto den Großen gibt es einen direkten Quellenbeleg. Sein zeitgenössischer Bewunderer Widukind von Corvey schreibt:

> »Er besaß einen wunderbaren Verstand. Denn nach dem Tode der Königin Edith [= unter dem Einfluss seiner zweiten Frau, der Kaiserin Adelheid] erlernte er, der zuvor davon keine Ahnung hatte, die Schrift soweit, dass er Bücher flüssig lesen und verstehen konnte.«

Heinrich II. und Philipp von Schwaben waren hochgebildet, denn sie wurden als künftige Bischöfe erzogen. Auch Otto II. wurde literarisch erzogen, war aber stinkfaul und renitent. Von Otto III. und Heinrich IV. sind sogar handgeschriebene

Zeilen überliefert. Wolfram von Eschenbach – kein König, aber Verfasser mehrerer Ritterepen mit Zehntausenden von Versen – kokettiert im 13. Jahrhundert mit der Behauptung, er könne nicht lesen und schreiben, aber das muss man wohl nicht ernst nehmen. Umgekehrt leitet Hartmann von Aue seinen *Armen Heinrich* (um 1190/95) mit den Worten ein: *Ein ritter sô gelêret was, / daz er an den buochen las.*

Aber stellen wir uns vor, wir seien ein siebenjähriges Kind, zu dem der Vater sagt: »Morgen bringen wir dich ins Kloster, damit du in die Schule gehst.« Was erwartet uns dort? Zunächst müssten wir die beiden Grundtugenden der Klosterschule verinnerlichen, nämlich Stillsitzen und Auswendiglernen – ein mitunter durchaus schmerzlicher Lernprozess, denn das Abzeichen des Lehrers ist nicht von ungefähr die Rute. Inhaltlich erwartet uns der Elementarunterricht: Lesen, Schreiben, Singen und Rechnen. Wir lernen zunächst nur das Lesen, das Schreiben folgt erst geraume Zeit später (also ganz anders als heute). Das alles dauert etwa drei oder vier Jahre. Dann entscheidet sich, ob es mit dieser »Grundschule« sein Bewenden hat oder ob wir weiterführenden Unterricht erhalten. Wir sind dann etwa zehn Jahre alt. Allzu viel hat sich also bis heute nicht geändert.

Nur eine kleine Gruppe von uns erhält nun den Unterricht in den *septem artes liberales*, den ›sieben freien Künsten‹. Diese sind 1. (lateinische) Grammatik, 2. Rhetorik, 3. Dialektik (oder Logik), 4. Arithmetik, 5. (theoretische) Musik, 6. Geometrie (= Erdkunde), 7. Astronomie. Zum Grammatikunterricht gehört auch die Lektüre der lateinischen Schriftsteller, allerdings weniger, um sie inhaltlich kennenzulernen, sondern um sie gnadenlos grammatisch durchzuhecheln. Im frühen Mittelalter las man vorwiegend die spätantiken christlichen

Autoren, die heute niemand mehr kennt (und das ist auch gut so), etwa seit dem 12. Jahrhundert aber stattdessen immer mehr die antiken Autoren wie Vergil, Horaz, Sallust oder Ovid. Letzterer war besonders beliebt, und seine Werke *Ars amatoria* oder auch *Remedia amoris* (*Liebeskunst* bzw. *Heilmittel gegen die Liebe*) usw. waren oft in mehreren Exemplaren in der Klosterbibliothek vorhanden. Eine etwas seltsame Lektüre für weltabgewandte Mönche und fromme Klosterschwestern ... Offiziell wurden die Texte natürlich auf die Liebe der Seele zu Gott gedeutet, aber ob da nicht auch die Sehnsucht nach den verbotenen Früchten mitspielte?

Nebenbei: Die lateinische Grammatik, wie sie von der Spätantike bis ins 18. Jahrhundert gelehrt wurde (das Standardwerk war der kleine *Donat*, der nicht zufällig als eines der ersten Bücher von Gutenberg gedruckt wurde, noch vor dem Prachtwerk der 42-zeiligen Bibel), kennt nicht nur Maskulinum, Femininum und Neutrum, sondern auch ein *genus commune*, das Männer und Frauen gleichermaßen umfasst.

Wer reiche Eltern hatte oder ein Stipendium ergatterte, konnte seine Ausbildung seit dem 13. Jahrhundert an einer Universität fortsetzen. Dort vervollkommnete er – Frauen waren nicht zugelassen – zunächst seine Kenntnisse der *artes* und machte einen Abschluss als *magister artium*. Dann konnte ein Studium der Medizin oder der Juristerei (weltliches und/oder kirchliches Recht) oder der Theologie folgen, dessen Krönung der Erwerb des Doktortitels bildete.

## Fakt oder Fake?

Hat Karl der Große wirklich gelebt, oder ist er nur eine Erfindung Ottos III. (983–1002), der unbedingt der Kaiser der Jahrtausendwende sein wollte? Darüber wurde zur Zeit der zweiten Jahrtausendwende eifrig diskutiert, auch wenn keine Beweise vorgelegt wurden und kein Fachwissenschaftler diese These vertrat. Fälschungen gab es freilich viele im Mittelalter. War es also doch eine finstere Epoche, aus der uns erst Renaissance und Aufklärung befreit haben? Obwohl, hat nicht das 21. Jahrhundert alle früheren Fälscher schon längst überholt?

Aber fragen wir uns erst einmal: Woher wissen wir das, was wir vom Mittelalter zu wissen glauben? Keine Angst, es kommt jetzt kein langatmiger Kurs in wissenschaftlicher Quellenkunde, aber einen Blick wollen wir schon darauf werfen. Es gibt drei Formen geschriebener Quellen, nämlich zum ersten die Urkunden, also Schriftstücke, die einen Rechtszustand festhalten, mitunter ausdrücklich für alle zukünftigen Generationen (*ad perpetuam rei memoriam*), so dass also auch wir uns angesprochen fühlen können. Ferner gibt es die Chroniken, die den Verlauf der Geschichte erzählen, zum Beispiel diejenige Ottos von Freising, der uns schon behilflich war. (Übrigens übernehmen die Chronisten oft ganze Textpassagen aus ihren Vorlagen, und zwar mit der interessanten Begründung, auf diese Weise bleibe die Wahrheit am zuverlässigsten erhalten.) Und dann gibt es die Legenden, fromme Erzählungen, die den Leserinnen (und auch Lesern, aber in der Praxis mehr den Damen) zu religiöser Erbauung verhelfen wollen. Auch sie haben oft einen realen Anknüpfungspunkt, der interessante Einblicke in das wirkliche Leben gewähren kann.

Und außerdem gibt es die materiellen Quellen, seien es solche, die einfach noch herumstehen, wie Kirchen und Burgen, oder solche, die die Archäologen ausgegraben haben. Das kann auch an anrüchigen Orten geschehen. So wurde 1866 die Kloake der Lübecker Ratsschule von 1340 ausgegraben, und was da alles hineingeflogen ist, gibt einen lebendigen Einblick in die damalige Schulwirklichkeit.

**In der Kloake der Lübecker Ratsschule wurden gefunden:**

zwei Holzteller; ein Holzlöffel; ein beschädigter Tonkrug; eine runde Scheibe aus Blei unbekannter Zweckbestimmung; ein Siegelstempel des Lübecker Ratskellermeisters Detlev Mane; ein Schuhleisten mit der Marke des Hinrich Koppelsleghere; zwei hölzerne Trippen in Kindergröße; sieben kurze Messer; drei Spielsteine; ein französischer Rechenpfennig; sechs Pritschhölzer, drei Tintenfässer, ca. 6 cm hoch; ein Schreibgriffel; 54 Wachstafeln mit Schreibübungen und Briefentwürfen.

Aber sagen uns diese Quellen, vor allem die schriftlichen Quellen, die Wahrheit? Es gibt drei klassische Fragen, die man an die Quellen richten sollte: 1. Kann uns die Quelle die Wahrheit sagen? 2. Will sie es überhaupt? Und 3. Wenn sie lügt, wer hat den Nutzen davon? Diese Fragen sind übrigens auch heute ein sicherer Kompass für den Umgang mit Quellen, besonders innerhalb der sog. »sozialen« Medien. Dass gefälscht wurde, wusste man auch schon im Mittelalter, und es gab etliche Skandale deswegen. Papst Innozenz III. hat eine ausführliche Anleitung verfasst, wie man falsche Papstbullen erkennen kann, und auch einige selbst entlarvt.

Und jetzt wollen wir einen kurzen Blick auf die zwei bekanntesten Fälschungen des Mittelalters werfen: die Konstantinische Schenkung und die Österreichischen Freiheitsbriefe.

## Die Konstantinische Schenkung

Im Jahre 313 beendete Kaiser Konstantin der Große die antike Christenverfolgung, der Legende nach, weil er vor der Schlacht an der Milvischen Brücke ein kreuzförmiges Zeichen erblickte mit der Erläuterung »in diesem Zeichen wirst du siegen«. Im Mittelalter kannte man eine andere Legende: Der Kaiser erkrankt am Aussatz, alle Therapieversuche der heidnischen Ärzte scheitern. Deshalb schlagen sie ihm als letztes, verzweifeltes Mittel vor, im Blut unschuldiger Kinder zu baden. Die Kinder werden beschafft, aber die Mütter der Kinder kommen und flehen den Kaiser an, sie zu schonen. Daraufhin bringt er es nicht fertig, sie töten zu lassen. In der folgenden Nacht erscheinen ihm Petrus und Paulus im Traum und belehren ihn, es gebe ein anderes Bad, das ihm Heilung an Körper und Seele bringen könne: das Bad der Taufe. Konstantin beendet die Christenverfolgung, lässt sich taufen und erlangt seine Gesundheit wieder. Zum Dank dafür schenkt er dem Papst die westliche Hälfte seines Reiches. Er selbst zieht sich in den Osten zurück, nach Konstantinopel, weil es nicht angehe, dass der irdische Kaiser dort regiere, wo der Stellvertreter des himmlischen Kaisers seines Amtes walte. Es gibt zu dieser Erzählung sehr schöne Fresken in der römischen Kirche SS. Quattro Coronati, die auch gerne abgebildet werden.

In den Geschichtsbüchern des Spätmittelalters und der Neuzeit bis in unsere Tage wird oft behauptet, der Papst stütze seinen Anspruch auf einen Kirchenstaat in Mittelitalien auf diese Fiktion. Tatsächlich ist das aber nicht der Fall, denn als König Pippin dem Papst 754 diesen Besitz versprach, war von Konstantin überhaupt nicht die Rede. Weder bei der Kaiserkrönung Karls des Großen 800 noch bei derjenigen Ottos des Großen 962, die beide dem Papst seinen Staat bestätigten, wird die Legende erwähnt. Erst für Otto III. ließen die Römer 996 eine Fassung dieses Textes von einem auch sonst berüchtigten Fälscher anfertigen, aber Otto wischte die Urkunde als lächerlich vom Tisch. Schließlich berief sich Leo IX. 1054 in seinem Streit mit dem Patriarchen von Konstantinopel auf sie, aber auch das blieb ohne Folgen. Die Privilegien Pippins und Ottos waren eine viel bessere Rechtsgrundlage als diese ominöse Legende.

Im 15. Jahrhundert beweist dann Lorenzo Valla, dass der Text unecht ist und nicht von einem antiken Kaiser stammen kann. Aber er bildet weiterhin ein beliebtes Argument in der Polemik der Reformation.

Ganz anders sieht es aus bei den »Freiheitsbriefen des Hauses Österreich«. Friedrich Barbarossa erhebt 1156 die Markgrafen von Österreich zu Herzögen und erteilt ihnen dabei ein Privileg mit besonderen Rechten, zum Beispiel der weiblichen Erbfolge beim Aussterben im Mannesstamm (was dann 1740 für Maria Theresia aktuell wird). Aber dieses Privileg ist Herzog Rudolf IV. nicht mehr gut genug. Die Habsburger haben nämlich 1356 den Einzug in das exklusive Gremium der Kurfürsten verpasst, obwohl sie schon zweimal einen König gestellt haben (Rudolf I. – den Rudolf von Habsburg – und Albrecht I.).

Deshalb geht der 19-jährige Herzog 1358 daran, durch eine umfangreiche Fälschungsaktion seinem Haus die Stellung zu verschaffen, die ihm nach seiner Überzeugung zusteht. Dabei gestaltet er die Urkunde Barbarossas zu einem Privileg mit größeren Rechten um (deshalb nennt man die echte Urkunde das *privilegium minus*, diese neue das *privilegium maius*) und umgibt das Ganze mit einem Strauß weiterer, ebenfalls gefälschter Urkunden früherer und späterer Könige und Kaiser. Darunter sind kurioserweise auch zwei Urkunden antiker Kaiser, nämlich von Cäsar und Kaiser Nero.

Und das Ganze legt er dann Kaiser Karl IV. zur Bestätigung vor. Dieser erkennt sofort, was da gelaufen ist, aber er tut so, als nehme er die Urkunden ernst und unterziehe sie einer genauen Prüfung; das Protokoll dieser Sitzung vom 21. März 1361 ist erhalten. Dabei dreht er durch geschickte Interpretation die meisten Bestimmungen in ihr Gegenteil um und bestätigt sie dann in seinem Sinne. Für die zwei antiken Urkunden geht er einen anderen Weg. Er holt ein Gutachten ein, und zwar bei dem berühmtesten Altertumskenner seiner Zeit, Francesco

Petrarca. Das Gutachten fällt vernichtend aus: Der Verfasser der Urkunden sei ein schreiender Esel, dem selbst zum Lügen die Intelligenz fehle, ist noch einer der harmloseren Ausdrücke darin.

Trotzdem hat Rudolf IV. auf Dauer Erfolg mit seiner unglaublich dreisten Aktion. Als 1440 der Habsburger Friedrich III. deutscher König wird, bestätigt er das ganze gefälschte Urkundenpaket und macht es so zu gültigem Reichsrecht. Auch Kaiser Karl V. bestätigt 1530 das Paket und verbietet gleichzeitig, über seine Echtheit auch nur zu diskutieren. Seitdem tragen die österreichischen Herzöge bis 1918 den Titel »Erzherzog« …

**Das Fälschungspaket Rudolfs IV.**

- König Heinrich IV. von 1058 Oktober 4 (darin: Urkunden Cäsars und Kaiser Neros)
- Kaiser Friedrich I. von 1156 September 17 (*privilegium maius*)
- König Heinrich (VII.) von 1228 August 24
- Kaiser Friedrich II. von 1245 Juni
- König Rudolf I. von 1283 Juni 11

## »*Uns ist in alten mæren ...*« – Mittelalterliche Dichtung

Wenn abends die Sonne untergeht, wird es kalt auf der Burg. Dann sammelt sich die Burgmannschaft, sofern sie nicht zum Wachdienst eingeteilt ist, in dem einzigen Raum, der beheizt werden kann, der Kemenate der Frauen. Außer der Wärme gibt es dort noch eine andere Annehmlichkeit: Es wird vorgelesen. Wenn ein durchreisender Dichter zur Verfügung steht, ist das gut, denn es hindert den Burgherrn daran, zum hundertsten Male seine Heldentaten auf dem Kreuzzug zu erzählen. Ansonsten ist es üblich, dass das Burgfräulein aus einem Buch vorträgt. Das ist absolut normal und wird in einigen Quellen ganz beiläufig als etwas Selbstverständliches erwähnt.

Was dort vorgelesen wird, ist nicht unbedingt die allererste Literatur, sondern eher Unterhaltsames und Spannendes, mit phantastischem Einschlag und zu erwartenden Verwicklungen und am Schluss einem Happy End – also etwa das, was heute im Fernsehen als Telenovela zu sehen ist: *Lindenstraße ante litteram*. Zu den Romanen, die vorgelesen werden, gehören auch diejenigen, die wir heute als die Hauptwerke der mittelhochdeutschen Literatur kennen. Es gibt aber zum Beispiel auch einen Roman, in dem ausschließlich Turniere geschildert werden.

Etwas aus dem Rahmen fällt der in Deutschland bekannteste Text, das *Nibelungenlied*, denn es hat ja kein fröhliches Ende. Es beginnt mit den berühmten Versen: *Uns ist in alten mæren wunders vil geseit / von helden lobebæren, von grôzer arebeit,* [...] –

> »Uns wird in alten Erzählungen viel Wunderbares berichtet von berühmten Helden, großer Mühsal, von glücklichen Tagen und Festen, von Tränen und Klagen und vom Kampf tapferer Recken könnt Ihr jetzt Erstaunliches erfahren.«

Die Story selbst handelt von Liebe und Ehe und Betrug und Mord und Rache für den Mord und ist besonders am Schluss ausgesprochen blutrünstig; christliche Werte werden nicht vermittelt.

In vielen Romanen kommt der sagenhafte König Artus vor, der die Ritter seiner Tafelrunde mit Namen wie Iwein, Erec usw. ausschickt, damit sie ehrbare Jungfrauen aus Lebens- oder anderen Gefahren erretten, an ritterlicher Tugend wachsen und Minnedienst verrichten. Gewöhnlich läuft das so ab, dass der Ritter zunächst bei dieser Aufgabe versagt. Dann werden ihm von seiner Dame oder auch am Artushof die Leviten gelesen, und er macht es bei einer zweiten Runde dann richtig. Natürlich ist auch am Artushof selbst nicht alles tugendgold, was glänzt: So hat Lanzelot, der beste Freund des Artus, eine Liaison mit der Königin Ginover, und der Seneschall des Königs, Keie, ist ein zänkischer Kotzbrocken.

Zwei Romane sind bemerkenswert. Der eine ist der *Parzival* Wolframs von Eschenbach (wir erwähnten ihn im zweiten Kapitel), in dem es nicht um Minnedienst geht, sondern in hochgradig theologischer Weise um die Erlösung von Schuld und um den Heiligen Gral. Er dürfte das Verständnisniveau der Burgknappen weit überstiegen haben. Der Dichter hat das offenbar selbst empfunden und deshalb am Ende noch ein kleines Lustspiel angehängt, die Geschichte von Elsa und Lohengrin: Parzivals Sohn Lohengrin eilt als Gralsritter einer verleumdeten Dame zu Hilfe, eben Elsa von Brabant, die er durch einen Zweikampf vom Vorwurf sexueller Vergehen reinigt und heiratet. Bedingung für Hilfe und Ehe ist aber, dass sie ihn nie nach seinem Namen fragt, denn als Gralsritter darf er seine Identität nicht enthüllen. Elsa schafft es aber auf die Dauer nicht, ihre Neugier in Zaum zu halten, und fragt Lohengrin doch nach seinem Namen. Daraufhin muss er sie verlassen; optisch wirkungsvoll zieht er an Bord eines Schwanes von dannen.

Das genaue Gegenteil zum Parzival ist die Geschichte von Tristan und Isolde, die Gottfried von Straßburg zu seinem *Tristan* verarbeitet hat. Der Romanheld ist eigentlich die Frucht einer verbotenen Liebe: Sein Vater Riwalin ist bereits ein erwachsener Ritter, der aber selbst merkt, dass es ihm noch an den charakterlichen Fähigkeiten des vollkommenen Ritters mangelt. Deshalb geht er nach Cornwall zum Hof des Königs Marke, um durch dessen Vorbild diese Fähigkeiten weiter auszubilden.

Es kommt aber anders, denn er verliebt sich in die Schwester des Königs, Blanscheflur, die ›weiße Blume‹, die er schwängert und dann mit ihrer Zustimmung entführt, was auch in der Realität gar nicht so selten geschah. Aber kurz bevor das Kind zur Welt kommt, stirbt Riwalin im Kampf, und auch die Mutter haucht kurz nach der Geburt ihr Leben aus; auch das ein häufiger Vorgang. Jedoch gibt der treue Marschall Riwalins das Kind als Sohn seiner eigenen Frau aus, die dazu eine Schwangerschaft simuliert und dann zusammen mit ihrem Mann den kleinen Tristan aufzieht (auch das ist durchaus realitätsnah).

Auf einigen recht dramatischen Umwegen kommt Tristan später ebenfalls an den Hof König Markes, der ihn beauftragt, seine Braut Isolde aus Irland abzuholen. Es kommt erneut, wie es kommen muss: Tristan und Isolde verlieben sich unsterblich ineinander. Trotzdem findet die Ehe zwischen ihr und König Marke statt, gleichzeitig läuft aber die ehebrecherische Beziehung zu Tristan weiter. König Marke ahnt, was vorgeht, erlangt aber nie wirkliche Gewissheit, und als ehrbarer Herrscher verurteilt er sie nicht auf den unbewiesenen Verdacht hin. (Nicht alle mittelalterlichen Herrscher waren so selbstbeherrscht: Der bayerische Herzog Ludwig II. ließ seine erste Ehefrau 1256 auf einen bloßen Verdacht hin köpfen.) Dieses Szenario – unbewiesener Verdacht – wird mehrmals durchgespielt; einmal muss Isolde sogar einen Reinigungseid leisten, den sie durch einen juristischen Trick besteht, obwohl sie in Wirklichkeit schuldig ist. Am Schluss aber kommen die beiden liebenden Ehebrecher durch ein Missverständnis ums Leben, weil jeder glaubt, der andere habe den Tod gefunden, und daraufhin selbst nicht mehr weiterleben will. Ein klassischer Schluss, den wir schon in der Antike bei *Pyramus und Thisbe* finden oder später bei *Romeo und Julia.*

Statt Rittergeschichten kann man sich auch historische Themen vornehmen. So gibt es zum Beispiel die Nachdichtung von Vergils *Aeneis* durch Heinrich von Veldeke (entstanden zwischen 1180 und 1188). Dabei ist amüsant zu sehen, wie der antike Stoff ins mittelalterliche Milieu hinübergleitet, etwa wenn abwechselnd »Gott« oder »die Götter« angerufen werden oder der antike Hades zur christlichen Hölle mutiert. Die Hochzeitsfeier zwischen Aeneas und Lavinia vergleicht Heinrich mit dem Mainzer Hoftag Friedrich Barbarossas von 1184. Der Text ist auch deshalb witzig, weil der Dichter seinen antiken Kollegen offenbar nicht mehr recht ernst nimmt. Ganz am Schluss hören wir:

»›Eineide‹ heißen die Bücher, / die Virgilius darüber geschrieben hat, / von dem uns die Geschichte überliefert ist / (und) der schon seit vielen Jahren tot ist. / Wenn er nicht gelogen hat, so ist wahr, / was Heinrich danach verfaßt hat.«

Natürlich hat kaum jemand von uns diese Romane gelesen (obwohl es mittlerweile zuverlässige Nacherzählungen gibt), sondern wir kennen sie hauptsächlich als Vorlage für die Opern von Richard Wagner. Allerdings sind sie dort oft verzerrt, umgedeutet und miteinander kontaminiert.

Eine Wagneroper, für die es keinen mittelalterlichen Roman, kein Versepos als Vorlage gibt, sondern nur ein spätmittelalterliches Lied, ist die Geschichte vom Tannhäuser. Dieser Minnesänger, von dem es auch Texte in der Manessischen Liederhandschrift gibt, gerät in die Venusgrotte, eine Art antikes Edelbordell, das sich irgendwie ins Mittelalter gerettet hat. Er verfällt der Anziehungskraft von Frau Venus und leistet ihr sogar einen Eid, sie niemals gegen ihren Willen zu verlassen. Dann aber rührt sich sein Gewissen, denn er lebt bei ihr ja in der Todsünde, und er verlässt sie doch, um nach Rom zu ziehen und sich dort vom Papst von seinem Eid lösen und von der Sünde lossprechen zu lassen. Der Papst – er ist ausdrücklich als Urban IV. (1261–1264) bezeichnet – erklärt aber, Tannhäusers Sünde sei so schwerwiegend, dass er ihn nicht lossprechen könne. Wie der Hirtenstab, den er in der Hand trägt, nicht mehr ausschlagen und blühen könne, so unmöglich könne der Tannhäuser Gottes Vergebung erlangen. Der Tannhäuser reist verzweifelt ab, aber am dritten Tag geschieht das Wunder. Auf

Der Tannhäuser in der Kleidung eines Deutschordenritters, abgebildet im *Codex Manesse*, der berühmtesten und umfangreichsten deutschen Liederhandschrift des Mittelalters, entstanden zwischen ca. 1300 und ca. 1340 in Zürich

dem Stab sind tatsächlich neue Blüten aufgebrochen. Das Lied deutet abschließend an, zwar nicht der Tannhäuser, wohl aber der Papst sei wegen seiner hartherzigen Haltung der ewigen Verdammnis verfallen. Dieser Schluss fehlt bei Wagner; dort ist es stattdessen die heilige Elisabeth von Thüringen, die den Minnesänger erlöst.

Natürlich gibt es seit der Zeit der Romantik etliche Schauspiele und im 20. Jahrhundert auch Filme über diese Stoffe. Am bekanntesten und aufwendigsten sind das dreiteilige Drama über die Nibelungen von Friedrich Hebbel von 1861 und der zweiteilige Stummfilm von Fritz Lang von 1924, Und dann haben sich auch noch Sportler, zum Beispiel ehemalige Hammerwerfer, in der Filmrolle des Siegfried versucht. Und zum Schluss noch etwas ganz anderes: König Artus und seine Tafelrunde, Lanzelot, Ginover und der Gral haben auch das Interesse englischer Komiker auf sich gezogen, die dann als *Ritter der Kokosnuss* über die Leinwand ziehen.

## »Unser Leben währet 70 Jahre« – Krankheit und Tod

»Unser Leben währet siebzig Jahre, und wenn's hoch kommt, so sind es achtzig Jahre, und wenn es köstlich war, so war es Mühe und Arbeit«. So lautet eine oft zitierte Stelle aus dem Alten Testament (Ps 89, 10). Aber diese Zahlen sind sehr hoch gegriffen; selbst vierzig Jahre oder mehr zu erreichen, war im Mittelalter nicht selbstverständlich, auch wenn einzelne Personen sehr alt werden konnten, sogar bis über das 100. Lebensjahr hinaus. Normal war das aber nicht.

Zunächst einmal ist die Kindersterblichkeit sehr hoch, wie wir im Kapitel zu Liebe und Ehe schon beobachtet haben. Wer das kritische erste Jahr übersteht, hat bessere Chancen, aber er ist immer von Krankheiten bedroht. Und zwar auch, wenn nicht gerade die Pest im Umlauf ist. Medizinische Hilfe ist kaum zu erlangen. Die ausgebildeten Ärzte folgen zwar der richtigen Maxime, dass es besser ist, vorzusorgen, als im Nachhinein zu heilen, aber die aus der Antike überkommenen Vorstellungen, wie der Körper funktioniert, sind sehr realitätsfern. Vier Körpersäfte entscheiden über Gesundheit und Krankheit: Blut (*sanguis*), Schleim (*phlegma*), gelbe Galle (*chole*) und schwarze Galle (*melaina chole*), wobei letztere nur dazu erfunden ist, um auf die gewünschte Vierzahl im Schema von heiß und kalt, trocken und feucht zu kommen. Die ausgewogene Mischung macht gesund; ein Übermaß eines Saftes führt zur Krankheit. Die Säfte bestimmen auch Temperament und Charakter und machen den Menschen sanguinisch, phlegmatisch, cholerisch oder melancholisch. Soweit die Theorie, die aber in der Praxis kaum einen Nutzen hat. Viel besser ist es deshalb, sich an die Volksmedizin und ihre Kräuter zu halten.

Es sind aber nicht nur Krankheiten, die das Leben der Menschen im Mittelalter rapide verkürzen können, sondern es gibt eine Vielzahl weiterer Risiken. Als Mann kommt ein Tod im Kriege in Frage oder auch auf der Jagd. Letztere gipfelt in den Zeiten vor der Erfindung der Feuerwaffen im direkten Nahkampf zwischen dem Jäger und zum Beispiel einem verwundeten Keiler und endet oft mit einem Sieg des letzteren. Es gibt mehrere Fälle, wie ein Wildschwein auf diese Weise selbst in die fürstliche Erbfolge eingegriffen hat; so starben zum Beispiel Gunther, der Sohn Tassilos III. von Bayern, und Emmerich, der einzige Sohn Stephans des Heiligen von Ungarn, vorzeitig durch einen solchen Jagdunfall. (Wir erinnern uns auch an den Tod Kaiser Ludwigs des Bayern auf der Bärenjagd.)

Die Frauen haben den Tod im Kindbett zu fürchten. Dem Ehemann, beispielsweise einem gestandenen Handwerksmeister, der nun oft mit mehreren minderjährigen Kindern dasteht, bleibt dann nichts anderes übrig, als erneut zu heiraten. Und zwar möglichst eine kräftige, jüngere Frau. So kommt es, dass es selbst heute nicht außergewöhnlich ist, wenn die Frauen deutlich jünger sind als ihre Ehemänner.

Besonders gefürchtet ist ein plötzlicher Tod, auf den man sich also nicht durch Reue, Beichte, Ablass, gute Werke und das Sakrament der letzten Ölung (das heute »Krankensalbung«

heißt) vorbereiten kann. Etwa ein Verkehrsunfall, ein Schlaganfall, Ertrinken auf See usw.; bei Unfällen stellt sich auch sofort die Frage, ob das nicht die göttliche Strafe für ein unentdecktes Verbrechen ist, das man begangen hat. Auch der passive Kontrollverlust ist zu fürchten: Es gibt zahlreiche Beispiele dafür, dass Betrunkene aus ihrem Vollrausch nicht mehr aufwachen, wobei auch nachgeholfen wird. Auf diese Weise finden etwa der langobardische König Alboin 572, der byzantinische Kaiser Michael III. 867 und der dänische König Waldemar 1223 den Tod. Insofern ist selbst der hingerichtete Verbrecher besser dran, wenn er die Strafe nur reumütig annimmt.

Der Idealfall ist aber der Tod, auf den man sich vorbereiten kann. Es gibt eine regelrechte Fachliteratur dafür, genannt *ars moriendi*, ›die Kunst des (gottseligen) Sterbens‹. Parallel zum Kampf des Sterbenden mit der Krankheit entspinnt sich nämlich, so ist die Vorstellung, ein »jenseitiger« Kampf zwischen Engeln und Teufeln um die Seele des Hinscheidenden, der in vielen Handschriften dargestellt ist, so etwa als Illustration zu den Werken Hildegards von Bingen. (Noch die Schlussszene zu Goethes *Faust II* schildert einen solchen Kampf.) Dass Familie und Freunde zum Bett des Sterbenden eilen und ihm in diesem Kampf beistehen, ist selbstverständlich. Allzu oft haben sie sich freilich dabei mit derselben todbringenden Krankheit angesteckt, der der Sterbende erliegt. Dass eine solche Vorbereitung beim Schwarzen Tod nicht möglich war, bildete einen der erschreckendsten Aspekte dieser Pandemie.

## Die Posaune des Jüngsten Gerichts

Wer von uns erinnert sich nicht, wie am 21. Dezember 2012 die Welt unterging? Monatelang versuchten selbsternannte Experten, uns das einzureden, weil zu diesem Zeitpunkt angeblich der Kalender der Maya ablief, die uns als die besten Kenner der Chronologie verkauft wurden – aber nichts geschah.

Aber ist es überhaupt möglich, das Datum des Weltendes zu berechnen? Können wir voraussagen, wann die *ultima tuba*, die ›Posaune des Jüngsten Gerichts‹, ertönen wird? Die Antwort der Bibel lautet eindeutig: nein. Im Evangelium heißt es unmissverständlich (Mt 24, 36; Mk 13, 32): »Den Tag und die Stunde aber kennt niemand, weder die Engel im Himmel noch der Sohn, sondern nur der Vater.« Aber mit dieser Auskunft hat man sich damals nicht zufriedengegeben. Bestand nicht doch eine Möglichkeit, das Ablaufdatum des Universums zu ermitteln? Und man hat sie tatsächlich gefunden, und zwar mit dieser Überlegung: Wenn wir wissen, wie lange die Weltgeschichte insgesamt dauert, und wenn wir davon die bereits abgelaufene Zeit abziehen, ergibt sich automatisch die Restlaufzeit der Welt. Das klingt nach dem Versuch, Gott übers Ohr zu hauen, und genau das war es auch.

Die Weltgeschichte dauert gemäß der Lehre der Bibel 6000 Jahre, denn in sechs Tagen hat Gott die Welt geschaffen (Gen 1,1–2,3), und im Psalter heißt es (Ps. 89,4): »Tausend Jahre sind vor deinen Augen wie der gestrige Tag, der vorüberging.« Also entspricht den sechs Schöpfungstagen eine Dauer der Weltgeschichte von 6000 Jahren. Das Dogma von der 6000-jährigen Dauer der Weltgeschichte war noch bis ins 18. und 19. Jahrhundert hinein verbreitet und bildete ein wichtiges Argument gegen die Theorien Darwins, weil innerhalb dieser Frist für seine Selektionsmechanismen viel zu wenig Zeit wäre. Es gibt freilich viele Methoden, um zu errechnen, an welchem Zeitpunkt wir uns heute befinden, aber alle diese Methoden kommen zu unterschiedlichen Ergebnissen. Nur in einem Punkt stimmen sie überein: Es ist nicht mehr viel Zeit, man lebt in der Endphase der Geschichte. Von daher fällt auf die ganze mittelalterliche Geschichte und das Selbstverständnis der damaligen Menschen eine apokalyptische Beleuchtung. Und diese Disposition hat sich offenbar bis in die heutige Zeit gehalten, allem naturwissenschaftlichen Fortschritt zum Trotz.

## Der Antichrist

Das Ende kommt also bald, und die Gelehrten des Mittelalters entwickeln sehr genaue Vorstellungen darüber, was am Weltende geschehen wird. Eine zentrale Rolle spielt dabei der »Antichrist«, eine Inkarnation des Bösen, der Christus in allem entgegengesetzt ist, ihn aber in allem nachahmt. Er wird kurz vor dem Ende der Zeiten eine Weltherrschaft errichten und fast alle Menschen verführen und insbesondere ein umfassendes Wirtschaftsimperium errichten.

Der Antichrist wird aber nicht nur einmal am Ende der Zeiten auftreten, sondern er hat – und das macht diese Vorstellung politisch brisant – Vorläufer während der Weltgeschichte, die ihm zuarbeiten. Man kann also jeden politischen oder auch religiösen Gegner als einen solchen Vorläufer diffamieren, so beispielsweise im 13. Jahrhundert die Päpste Gregor IX. und Innozenz IV. auf der einen und Kaiser Friedrich II. auf der anderen Seite. Ebenso erklären die Reformatoren den Papst zu einem solchen Vorläufer des Antichristen. Und man darf sich fragen, ob man nicht auch einen systematisch lügenden ehemaligen amerikanischen Präsidenten in diese Reihe stellen will.

## Das Mittelalter heute

Wir haben unsere Überlegungen mit der Frage begonnen: Wann fängt das Mittelalter an, wann hört es auf? Und wir mussten uns von Otto von Freising und Beda Venerabilis belehren lassen, dass es eine Grenzlinie zwischen Antike und Mittelalter eigentlich gar nicht gebe. Dieselbe Frage stellt sich für die Grenze zwischen Mittelalter und Neuzeit, und erneut würden uns die beiden Herren darauf hinweisen, dass diese Frage unsinnig sei. Die Neuzeit geht im staatlichen Bereich ohne juristischen Bruch aus dem Mittelalter hervor, und es gibt Gelehrte, die die Zeit vom 6. bis zum Ende des 18. Jahrhunderts als »Alteuropa« zu einer Epoche zusammenfassen wollen. Erst mit der französischen Revolution beginne etwas Neues. Und es ist auch üblich geworden, zwischen »neuerer Geschichte« (16.–18. Jahrhundert) und »neuester Geschichte« (19.–20. Jahrhundert) zu unterscheiden und sogar eine gesonderte »Zeitgeschichte« ausweisen zu wollen.

Die Vorstellung vom finsteren Mittelalter, das sich von den heutigen Verhältnissen unvorteilhaft unterscheidet, beruht, wie zu Beginn erwähnt, auf der geistesgeschichtlichen Konzeption von Renaissance und Humanismus – einer Konzeption, die zunehmend brüchig wird, zumal in den Schulen die sog. alten Sprachen Latein und Griechisch immer weniger gelehrt und gelernt werden.

Das Mittelalter wirkt auch heute noch kräftig weiter. Im Grunde hat unsere ganze Landkarte mit Städten und Dörfern, Straßen und Wegen, Äckern und Wiesen, Brücken und Häfen im Mittelalter ihre heutige Form erhalten. Die Änderungen der Grenzen und politischen Strukturen sind erstaunlich gering. Unter den 16 deutschen Bundesländern gibt es keines, das nicht einen mittelalterlichen Namen trägt, und für fast alle Städte gilt das ohnehin.

Schließlich könnte man sich auch fragen, ob mit dem Schwinden der europäischen Dominanz seit dem Ende des Zweiten Weltkriegs nicht eine ganz neue vierte Epoche der Geschichte begonnen hat – wobei noch offen ist, ob diese Epoche heller oder finsterer sein wird als Mittelalter und/oder Neuzeit.

# Lektüretipps

## Literatur über das Mittelalter


Bergdolt, Klaus: Der Schwarze Tod in Europa. Die Große Pest und das Ende des Mittelalters. München [5]2021.

Dohrn-van Rossum, Gerhard: Die Geschichte der Stunde. Uhren und moderne Zeitordnungen. München 1992.

Frenz, Thomas: Das Papsttum im Mittelalter. Köln 2010.

Fuhrmann, Horst: Einladung ins Mittelalter. München 1997.

Jackson, Donald: Alphabet. Die Geschichte vom Schreiben. Frankfurt a. M. 1981.

Jakobi-Mirwald, Christine: Das mittelalterliche Buch. Funktion und Ausstattung. Stuttgart 2004.

Jourdan, Eveline / Müller, Ursula: Laßt uns haben gute Speis. 66 der ältesten deutschen Kochrezepte aus dem Mittelalter. Stuttgart 1984.

Lebe, Reinhard: War Karl der Kahle wirklich kahl? Historische Beinamen – und was dahintersteht. München 1990.

Reindel, Kurt: Bayern im Mittelalter. München 1970.

Runciman, Steven: Geschichte der Kreuzzüge. 3 Bde. München 1957–60.

## Mittelalterliche Dichtung

Zitiert wird nach den in Reclams Universal-Bibliothek (RUB) erschienenen Ausgaben:

Gottfried von Straßburg: Tristan. Mhd./Nhd. Übers. von Rüdiger Krohn. 3 Bde. Stuttgart 1980 (RUB 4471, 4472 u. 4473).
Hartmann von Aue: Der arme Heinrich. Mhd./Nhd. Übers. von Nathanael Busch und Jürgen Wolf. Stuttgart 2013 (RUB 19131).
Heinrich von Veldeke: Eneasroman. Mhd./Nhd. Übers. von Dieter Kartschoke. Stuttgart 1986 (RUB 8303).
Das Nibelungenlied. Mhd./Nhd. Übers. von Siegfried Grosse. Stuttgart 2010 (RUB 18914).
Walther von der Vogelweide: Werke. Gesamtausgabe. Mhd./Nhd. Übers. von Günther Schweikle. 2 Bde. Stuttgart 1994–98 (RUB 819 u. 820).
Wernher der Gärtner: Helmbrecht. Mhd./Nhd. Übers. von Karl-Heinz Göttert. Stuttgart 2015 (RUB 18978).
Wolfram von Eschenbach: Parzival. Mhd./Nhd. Übers. von Wolfgang Spiewok. 2 Bde. Stuttgart 1981 (RUB 18766).

## Historische Kriminalromane, die die Stimmung des Mittelalters recht gut wiedergeben Dichtung

Frazer, Margaret: Der Bischof. Mord im Jahr des Herrn 1434. Aus dem amerikanischen Englisch übersetzt von Anke Grube. Berlin 2010.
Koschyk, Heike: Pergamentum – Im Banne der Prophetin. Berlin 2011.
Peters, Ellis: Bruder Cadfael und der Hochzeitsmord. Aus dem Englischen übersetzt von Dirk van Gunsteren. München 1987.
Tremayne, Peter: Die Tote im Klosterbrunnen. Aus dem Englischen übersetzt von Bela Wohl. Berlin 2000.

mafia
karl marx
loriot
star wars
asterix
gehirn
Die drei ???®
reclam.
100 seiten
stephen king
resilienz
antike
reinhard mey
susan sontag
feminismus
depression
biodiversität
Für mehr Informationen zur 100-Seiten-Reihe:
www.reclam.de/100Seiten